国家民委 2023 年度高等教育教学改革研究项目，项目编号：23206

民族高校新工科人才创新创业能力培养研究

马英　著

应急管理出版社

·北京·

图书在版编目（CIP）数据

民族高校新工科人才创新创业能力培养研究／马英著. －－北京：
应急管理出版社，2024

ISBN 978 - 7 - 5237 - 0471 - 4

Ⅰ.①民… Ⅱ.①马… Ⅲ.①民族学院—工科（教育）—人才
培养—研究—中国 Ⅳ.①G758.4

中国国家版本馆 CIP 数据核字（2024）第 049929 号

民族高校新工科人才创新创业能力培养研究

著　者	马　英	
责任编辑	陈棣芳	
封面设计	优盛文化	

出版发行　应急管理出版社（北京市朝阳区芍药居 35 号　　100029）
电　　话　010 - 84657898（总编室）　010 - 84657880（读者服务部）
网　　址　www. cciph. com. cn
印　　刷　河北定州启航印刷有限公司
经　　销　全国新华书店

开　　本　710mm×1000mm¹/₁₆　印张　15¹/₄　字数　210 千字
版　　次　2024 年 4 月第 1 版　2024 年 4 月第 1 次印刷
社内编号　20230449　　　　　　　定价　88.00 元

前　言

在全球化的竞争中，创新与创业已成为驱动社会经济发展的重要力量，而培养具备创新创业能力的新工科人才则成为我国高等教育改革的关键。特别是在民族高校中，如何有效地将新工科人才的培养与创新创业教育相结合，打造出一支既懂技术、又善创新、并能适应经济社会发展需要的高素质人才队伍，是我们当前面临的重大课题。本书以此为背景，着力研究民族高校新工科人才创新创业能力的培养。

本书首先从当代高校教育视角，探讨新工科教育的课程体系、教育理念及教学方法，明确新工科背景下高等教育的指导思想与理念基础。随后，我们将对高校创新创业教育的内涵、特点、必要性和可行性进行详尽的探讨，同时分析创新创业能力的内涵与结构，为后续章节对新工科人才创新创业能力培养的研究奠定理论基础。在此基础上，我们将深入分析民族高校新工科人才的创新创业价值观及精神能力的培养，为新工科人才创新创业能力的培养制定具有实际指导意义的策略和措施。同时，我们还将详细论述民族高校新工科教育的创新创业课程体系，并提出了多种新工科人才创新创业能力的培养模式。在实践层面，本书将对民族高校新工科人才创新创业能力的培养对策进行深度探讨，并结合"互联网＋"背景下的新机遇、新挑战，探究互联网环境下新工科人才创新创业能力的培养路径。最后，我们将对新工科人才创新创业能力的评估问题进行研究，提出一套有效的评估方法，以便及时反馈培养效果，优化教育教学过程。

本书通过理论研究与实践探索相结合的方式，旨在为民族高校新工科人才创新创业能力的培养提供理论参考和实践指南。希望本书的研究，能为我国民族高校在新工科背景下创新创业教育的深化推进提供有益启示，为高等教育服务经济社会发展的历史使命注入新的活力。

　　由于时间、水平有限，书中难免存在疏漏之处，恳请广大读者批评指正。

作者

2024 年 1 月

目 录

第一章 基于新工科的当代高校教育

第一节 基于新工科的课程体系

一、基于新工科的课程体系的价值取向

（一）满足培养目标需要的根本价值

新工科的课程体系的价值取向首先要满足培养目标的需要。这是因为，课程体系是实现培养目标的主要手段和途径。课程体系的设计和实施必须以满足培养目标的需要为根本价值。

课程体系应该反映培养目标的要求。这就需要在设计课程体系时，充分考虑培养目标的内容和要求，使之在课程体系中得到充分的体现。课程体系应该有效地支持培养目标的实现。在实施课程体系时，要不断调整和优化课程的内容和教学方法，以确保课程的教学效果，从而支持培养目标的实现。同时，在评价和改进课程体系时，要充分考虑培养目标的变化，从而及时调整课程体系，以适应培养目标的新要求。

（二）体现学科专业领域整体的继承和发展价值

新工科课程体系的价值取向还在于体现学科专业领域整体的继承和发展价值。这一价值取向的实现，需要课程体系在设计和实施过程中，充分考虑学科专业领域的历史传统、现状和未来发展趋势。

1. 学科专业领域的历史传统是课程体系的基础

每一个学科专业领域都有其独特的历史传统，包括学科的基本理论、方法和技术，以及学科的研究范式和学术规范。这些历史传统是学科专业领域的精髓，是学科专业领域的灵魂。课程体系必须充分体现学科专业领域的历史传统，使学生能够深入理解和掌握学科的基本理论、方法和技术，熟悉学科的研究范式和学术规范，从而在学科专业领域的学习和研究中，能够站在巨人的肩膀上，继承和发扬学科的历史传统。

2. 学科专业领域的现状是课程体系的现实

每一个学科专业领域都有其现状，包括学科的研究热点、问题和挑战，以及学科的应用领域和社会需求。课程体系必须充分体现学科专业领域的现状，使学生能够了解和掌握学科的研究热点、问题和挑战，熟悉学科的应用领域和社会需求，从而在学科专业领域的学习和研究中，能够紧跟时代的步伐，适应社会的需求，解决实际的问题。

3. 学科专业领域的未来发展趋势是课程体系的方向

每一个学科专业领域都有其未来发展趋势，包括学科的新理论、新方法和新技术，以及学科的新应用领域和新的社会需求。这些发展趋势是学科专业领域的前沿，是学科专业领域的未来。课程体系必须充分体现学科专业领域的未来发展趋势，使学生能够了解和掌握学科的新理论、新方法和新技术，熟悉学科的新应用领域和新的社会需求，从而在学科专业领域的学习和研究中，能够引领时代的潮流，满足社会的新需求，创新解决实际的问题。

新工科课程体系的价值取向，就是在满足培养目标需要的同时，充分体现学科专业领域整体的继承和发展价值。这一价值取向的实现，需要在设计和实施课程体系的过程中，既要充分考虑培养目标的需要，又要充分考虑学科专业领域的历史传统、现状和未来发展趋势。只有这样，课程体系才能真正发挥其应有的作用，有效地支持培养目标的实现，推动学科专业领域的整体发展。

（三）反映参与高校人才培养独有的特色价值

由于各高等教育机构在层级、教育理念、优势、服务方向、行业背景、培养目标和课程资源等方面存在显著差异，每个高等教育机构都有自己独特的、与众不同的人才培养特点。这些特点必须通过其课程体系的特性来展现。这就要求新工科背景下的课程体系具有以下几个特点，如图 1-1 所示。

图 1-1　新工科背景下的课程体系特色

1. 体现高校教育理念

教育理念是高校教育活动的灵魂，是高校人才培养的指导思想，是高校教育质量的保证。它决定了高校的培养目标、教育内容、教育方法和教育评价等方面的选择与决策，对高校人才培养的效果有重大影响。因此，新工科课程体系必须充分体现参与高校的教育理念。在课程目标上，要确保课程目标与高校的教育理念相一致，体现高校对于人才培养的期望和要求。在课程内容上，要确保课程内容符合高校的教育理念，体现高校对于知识和技能的重视。在课程方法上，要确保课程方法适应高校的教育理念，体现高校对于教学方法的理解和选择。在课程评价上，要确保课程评价符合高校的教育理念，体现高校对于学习效果的评价和反馈。

2. 针对高校的服务面向

为服务面向地区经济社会发展培养人才是每一所高校的根本任务，这要求高校的课程体系必须与地区的经济社会发展紧密相连，能够满足地区经济社会发展的人才需求。新工科课程体系需要根据地区的经济社会发展特点和人才需求，设计符合地区需求的课程内容和教学方法。例如，如果地区的经济社会发展特点是高新技术产业发展快，那么课程体系就需要重点包含高新技术相关的课程，以及创新创业相关的课程。如果地区需要具有国际视野和跨文化交际能力的人才，那么课程体系就要包含国际化教育相关的课程，以及跨文化交际相关的课程。新工科课程体系还需要通过实践教学和社会服务活动，让学生有机会接触和了解地区的经济社会发展现状和人才需求，从而更好地理解和掌握课程内容，成为满足地区需求的人才。

3. 突出高校的办学优势

每一所高校都有其独特的办学优势，办学优势可能来自其深厚的历史积淀、优秀的师资队伍、丰富的教育资源、先进的教学设施、独特的地理位置、紧密的产学研合作关系等。这些办学优势是高校的宝贵财富，是高校在激烈的教育竞争中脱颖而出的关键因素。新工科课程体系在设计和实施课程体系的过程中，充分利用和发挥高校的办学优势。例如，如果高校有优秀的师资队伍，那么课程体系就要充分利用这些师资的专业知识和教学经验，设计高质量的课程内容和教学方法。如果高校有丰富的教育资源，那么课程体系就要充分利用这些资源，提供丰富的学习材料和学习环境。如果高校有紧密的产学研合作关系，那么课程体系就要充分利用这些关系，提供实践教学和就业实习的机会。

4. 强调高校的行业背景

高校的行业背景通常包括与特定行业的紧密联系，如与企业的合作、研究，以及行业的人才需求等。行业背景为高校提供了丰富的教学资源，为学生提供了实际的学习环境，为课程体系提供了实际的应用场景。在设计和实施课程体系的过程中，应充分考虑高校的行业背景，使之在课程体系中得到充分的体现。例如，如果高校与某个行业有紧密的联系，那么课程体系就要包含与该行业相关的课程，以及与该行业相关的实践教学活动。如果高校与某个企业有合作，那么课程体系就要利用这种合作关系，为学生提供实习和就业的机会。如果高校的行业背景是某个行业的人才需求，那么课程体系就要根据这种需求，设计符合需求的课程内容和教学方法。

（四）体现学生主体发展的最终价值

学生主体发展的最终价值体现在两个方面：一是学生的知识技能发展，二是学生的个性发展。知识技能发展是学生主体发展的基础。新工科课程体系应该提供丰富、系统的知识内容，以及多元、实践的技能训练，帮助学生掌握必要的专业知识和技能，提高他们解决问题的能力，为未来的职业生涯打下坚实的基础。个性发展是学生主体发展的关键。新工科课程体系应该尊重学生的个性差异，提供个性化的学习路径和支持，鼓励学生发展自己的兴趣和特长，培养学生的创新精神和批判思维，帮助学生形成独立的人格和价值观。教师的角色应该从传统的知识传授者转变为学生学习的引导者和支持者，学生的角色应该从被动的知识接受者转变为主动的知识创造者。只有这样，新工科课程体系才能真正体现学生主体发展的最终价值，真正实现教育的目标。

二、基于新工科的课程体系的优化

（一）加强人文与社会科学学科课程

加强人文与社会科学学科课程的融入和深化，不仅是出于提升工科学生全面素质的考虑，也是为了更好地适应社会发展和产业转型的需要。在信息化、智能化的社会，工程技术并不仅仅是纯粹的科学技术，更多的是涉及人文社会学科的价值观、伦理道德、社会影响等内容。人文社科课程在新工科教育中的作用被逐渐重视。对工科学生进行人文社科教育，可以引导他们在学习科技知识的同时，充分认识到科技活动是在特定的社会文化环境中进行的，并且其结果将会对社会产生深远的影响。

人文与社会科学课程，可以涵盖人文学科、社会科学、艺术等多个领域，以及跨学科的交叉课程。例如，可以开设科技伦理、科技哲学、科技史、科技与社会、科技与环境等课程。这些课程不仅可以帮助工科学生开阔知识视野，提高批判性思维和创新能力，还可以帮助他们理解科技活动在社会文化环境中的地位和作用，引导他们树立正确的科技价值观。除了传统的课堂教学，还可以采用多元化的教学方式，如实践活动、社区服务、学术研讨、在线学习等，提高学生的参与度和学习效果。通过实践活动，学生可以将理论知识与实际问题结合起来，提高解决问题的能力和社会责任感。通过社区服务，学生可以直接参与社会活动，了解社会问题。通过学术研讨，学生可以增强学术交流能力和团队合作精神。通过在线学习，学生可以接触到最新的学术动态和全球化的学术视野。

（二）注重实践课程模块的建设

理论知识的教授无疑是基础，但如果没有实践环节进行巩固和应用，那么理论知识就很难真正转化为工程技能和解决问题的能力。因此，强化实践课程模块对于培养工科学生的实际能力和创新意识具有重要意义。

实践课程模块的设计需要从多个角度进行。内容上，需要涵盖工程实践、科研实践、创新实践等多个环节。形式上，可以包括实验课、项目课、实习实训、创新创业等多种方式。方法上，可以融入任务驱动、问题导向、项目管理等现代教育理念和方法。工程实践是实践课程模块的基础环节，可以让学生在操作中理解和掌握工程知识，提高工程技能。为此，学校需要配备足够的实验设施和设备，提供充足的实践时间和场所，开设多样化的实验课程，满足不同专业和不同层次学生的需求。科研实践是实践课程模块的深化环节，可以让学生在解决实际问题中增强自身的科研能力和创新意识。为此，学校需要建立和完善科研实践平台，鼓励并指导学生参与教师的科研项目，开展科研训练和科研竞赛，开设科研方法和科研伦理等相关课程。创新实践是实践课程模块的拓展环节，可以让学生在尝试和创新中提高创新思维和创新能力。为此，学校需要提供创新实践的机会和条件，如设立创新实验室、创新基金，开展创新竞赛等，开设创新思维和创新方法等相关课程。建立强大的实践课程模块需要学校、教师、学生和社会的共同努力。学校要提供必要的硬件设施和软件支持，教师要更新教育理念和教学方法，学生要积极参与和反思实践活动，社会要提供实习实训和创新创业的机会与平台。

（三）重视课外学习

教育不仅仅发生在课堂内，课堂外的环境和活动同样是学习和成长的重要场所。

课外学习拓宽了知识获取的路径，丰富了学习体验。它不仅包括书籍、网络等自我学习的方式，也包括社团活动、讲座报告、工作坊、研讨会、实地考察等社交学习的方式。课外学习活动可以引导学生主动探索、主动学习，增强他们的自我学习能力和终身学习意识。此外，课外学习活动也可以培养学生跨学科、跨文化意识，提升他们的跨界融合能力和全球视野。通过课外项目、实践活动、社会服务等方式，学生可以把在课堂上学到的知识运用到实际问题中，提高他们解决问题的能力和工程实践能力。同时，这些活动也可以提高学生的团队合作能力、项目管理能力、沟通表达能力等软技能，这些技能在现代工程领域中越来越被重视。每个学生都有自己独特的兴趣和优势，课外学习提供了丰富和灵活的选择，可以满足他们个性化和多样化的学习需求。比如，他们可以参加相关领域的学术竞赛，发展自己的专业兴趣和专业能力；也可以参加艺术、运动、公益等活动，促进自己的全面发展。

（四）注重知识结构的系统性和知识点布局的全面性

注重知识结构的系统性和知识点布局的全面性，对于培养工科学生具有全局视野以及深厚且广泛的专业知识基础具有至关重要的作用。

知识结构的系统性就是强调知识点之间的内在联系和逻辑关系，尤其是对于工科领域而言，工程问题常常需要利用跨领域、跨学科的知识体系进行解决。因此，我们需要打破传统的学科界限，建立跨学科的知识结构。如同一个网络，每个知识点都是网络中的一个节点，而这些节点之间的连线就是各个知识点之间的内在联系。通过系统的知识结构，可以帮助学生建立整体的知识视野，提高他们的综合分析能力和创新思维能力。而知识点布局的全面性，强调的是知识点的广度和深度。一方面，工科学生需要具备广泛的知识基础，包括工科领域的基础知识，以及人文社科、自然科学、经济管理等其他领域的基础知识。另一方面，工科学生也需要具备深厚的专业知识，这样才能在专业领域内有所建树。因此，知识点布局需要在广度和深度之间取得平衡，教师要在教学设计时充分考虑各个知识点的关联性和重要性，以及学生的学习需求和发展潜力。

实现知识结构的系统性和知识点布局的全面性，需要一种新的教学理念和教学方式。一种可行的方式是采用项目导向或问题导向的教学方式，通过真实的项目或问题，引导学生学习相关的知识，同时强调知识的应用和实践。这种方式可以使学生在解决实际问题的过程中，自然而然地建立起系统的知识结构，同时也可以提高他们解决问题的能力和创新能力。

第二节　基于新工科的当代教育理念

教育理念指导教育实践，同时影响教育的质量和效果。在新工科背景下，当代教育理念呈现前所未有的丰富性和复杂性，如图 1-2 所示。这既是挑战，也是机遇。新工科教育强调的不仅是知识的传授，更是能力的培养和素质的提升。因此，我们需要思考如何培养学生的创新思维和跨学科整合能力；如何遵循学生导向原则，实现终身学习的目标；如何实现全人教育的理想等。

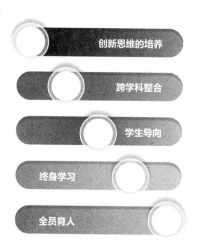

图 1-2　基于新工科的教育理念

一、创新思维的培养

工程科学的本质在于解决问题，而解决问题的关键在于创新。所以，教育的目标之一就是培养学生具有创新思维，以应对未来社会和工程领域的挑战。

创新思维是一种综合性的思维能力，包括批判性思维、创造性思维、系统性思维等多个方面。具有创新思维的学生，不仅可以透彻理解学习内容，还能在此基础上进行深入的批判和反思，发现问题并提出新的解决方案。培养创新思维，教学方式的革新至关重要。传统的教学方式强调知识的传授，而新的教学方式则强调知识的探索和创新。比如，可以采用项目导向或问题导向的教学方式，通过真实的项目或问题，引导学生自主学习，发现问题，提出解决方案，以培养他们的创新思维。同时，教师也需要改变角色，从传统的知识传授者变为学习的指导者和促进者，引导和支持学生的学习和创新。创新思维的培养，需要建立在扎实的知识基础之上。没有充足的知识储备，创新就无从谈起。因此，教学内容的设计和课程体系的建设，需要注重知识的广度和深度，注重基础知识和前沿知识的结合，以提供充足的知识资源和创新素材。创新不仅仅是思考，更是行动，要求教学活动要设计足够的实践环节，如实验、实习、项目等，让学生在实践中发现问题，解决问题，实现创新。创新思维的培养，需要培养学生的心理素质，如承受失败的能力，保持好奇心和探索精神等。因为，创新是一个充满挑战和不确定性的过程，只有具备良好的心理素质，才能在创新过程中坚持不懈，勇往直前。

二、跨学科整合

在快速发展的当今世界，跨学科整合的重要性显而易见。跨学科整合提供了一个全面的视角，帮助学生理解和处理跨学科的问题。跨学科整合不是简单的知识融合，而是将不同学科的知识和方法相互融合，形成一种新的、全面的理解。这需要改变传统的教育模式，将不同的学科知识融入一种新的知识体系中，这种知识体系可以帮助学生理解和解决实际的工程问题。

如何实现跨学科整合？一种可能的方法是通过项目导向或问题导向。通过实际的项目或问题，学生可以学习相关的知识，并将这些知识应用到实际的问题解决中。在跨学科整合的过程中，教师不再是知识的传授者，而是学习的引导者和协助者。教师需要帮助学生理解不同学科之间的联系，引导他们探索新的知识和解决方案。除了教学方式的改变，教学内容的设计也是实现跨学科整合的关键。教学内容需要覆盖不同的学科领域，同时也需要考虑这些领域之间的联系。这样，学生可以在学习过程中自然地建立起跨学科的知识体系。跨学科整合的目标是培养具有全面知识视野和高度创新能力的工科人才。这样的人才不仅可以解决单一学科的问题，也可以处理复杂的、跨学科的问题。他们具有强烈的创新意识和团队合作精神，可以在多元化的工程领域中发挥重要作用。

三、学生导向

每个学生都是一个独立的个体，有自己的兴趣、特长和学习方式，因此，教育的目标应该是帮助学生发现和发展潜力，培养他们的创新能力和实践能力。学生导向的教育理念主张将学生的需求和兴趣放在首位，强调教师与学生之间的互动与合作，尊重学生的主体地位，鼓励他们自主学习和创新思考。在这种理念下，教师不再是知识的唯一传递者，而是学习的引导者和协助者，他们的任务是激发学生的学习兴趣，帮助他们找到适合自己的学习方式，指导他们探索和创新。在实施学生导向的教学方式时，教学内容和方法需要进行相应的调整。首先，教学内容需要关注学生的需求和兴趣，注重知识的实用性和相关性。其次，教学方法需要鼓励学生的参与和互动，如项目导向的学习，问题导向的学习，讨论和合作学习等。再次，评价方法需要考虑学生的学习过程和实际能力。教师需要具备较高的专业知识，同时还需要具备良好的沟通和引导能力，以适应学生导向的教学方式。同时，教师也需要保持开放和创新的精神，不断更新自己的教育理念和教学方法。

学生导向的教育理念不仅有利于提高学生的学习兴趣和主动性，也有利于培养他们的创新思维和实践能力。学生导向的教育理念将学生视为学习的主体，尊重他们的个性和差异，让他们可以自由地探索和创新。这样的教育理念和教学方式，无疑是新工科教育的重要方向。

四、终身学习

终身学习不仅仅是一个概念，更是一种态度和生活方式。它意味着人们在完成基础教育和专业教育之后，仍然积极地追求新的知识和技能，不断提升自我，以适应社会和工作的变化。终身学习不受时间和地点的限制，可以根据个人的需求和兴趣进行自由选择。

在新工科教育中，我们需要培养学生的终身学习能力。这包括三个方面：学习能力、自主学习能力和创新学习能力。学习能力是指学生获取新知识和技能的能力，这需要一定的基础知识和学习技巧。自主学习能力是指学生根据自己的需求和兴趣，进行自我驱动的学习，这需要良好的自我管理能力和学习策略。创新学习能力是指学生在学习过程中，能够发现问题，提出新的解决方案，进行创新思考和实践，这需要开放的思维和实践经验。培养学生的终身学习能力，需要改变传统的教育方式，采用更加开放和灵活的教学方式，如项目导向的学习、问题导向的学习、合作学习等。同时，我们也要改变评价方式，从单纯的考试成绩转向对学生学习过程和能力的评价。此外，我们还要提供丰富的学习资源和良好的学习环境，让学生可以自由探索和学习。

五、全员育人

全员育人的教育理念揭示了教育的全方位性和多元性，强调教育并不仅仅是教师的职责，而是每个人都可以并应该参与其中。每个成员，无论是教师、学生、管理人员，甚至包括社会人士，都是育人的主体，每个人都有可能影响和塑造学生的知识、技能、价值观和世界观。

全员育人的教育理念突破了教育活动的传统范围，将教育的视角从课堂扩展到学校的各个角落，甚至到校外的社会环境。这种教育观念认为，教育并非仅仅发生在课堂上，而是在每个人和每个环节都可能发生。学生在参与社团活动中、在与他人交流互动中、在实践活动中，甚至在日常生活中都有可能学习和成长。在全员育人的理念下，学校需要构建多元化的学习环境，鼓励并支持学生在不同的环境和情境中学习和发展。学校的各个部门和成员都要参与育人的活动，贡献自己的力量。比如，学校的行政部门可以通过合理的规章制度和优质的服务，营造有利于学生发展的环境；学生事务部门可以通过丰富的课外活动和服务，提供多元化的学习机会；教师可以通过有效的教学方法和个性化的指导，帮助学生获取知识和技能，发展他们的兴趣和潜力。全员育人的理念还强调社会的参与。社会不仅是教育的目标，也是教育的资源。学校可以通过合作项目、实习实践、社区服务等方式，将社会资源引入教育，让学生在实际的社会环境中学习和成长。社会人士也可以通过提供实践机会、分享经验知识、提供指导和支持等方式，参与学校的育人活动。

第二章　高校创新创业教育与能力概述

第一节　创新创业教育的内涵与特点

一、创新创业教育相关内涵

（一）创新的内涵

创新，从广义上讲，是指在科学技术、管理体制、产品、服务等领域，采取新的思想、新的方法，或使用新的原料、设备来实现新的过程、功能，以满足新的需求或提高效益。它涉及诸多层面，包括创新思维、技术创新、制度创新、产品创新、服务创新等。

创新思维，指人们对于问题的新的理解和新的解决方式。创新思维是创新的灵魂，是创新行动的导向，往往能引导人们跳出既有的框架，对问题有全新的认识。技术创新，通常指在科学技术领域的新发现和新的技术方法。技术创新是推动社会进步的重要力量，往往能引领一个行业甚至整个社会的发展。制度创新，通常指在政策、管理、法规等方面的新改变和新的实施方式。制度创新可以有效推动社会公正、提升办事效率，是社会进步不可或缺的要素。产品和服务创新，指开发新的产品和服务，或者改进现有的产品和服务，以满足消费者新的需求或提升产品和服务的价值。这种创新往往能改变市场格局，引领消费趋势。

总的来说，创新是一种全面的、系统的活动，涵盖从思维方式、技术应用到制度设计、产品和服务开发等各个方面。创新能推动社会进步，提升社会效益，是现代社会发展的重要驱动力。

（二）创业的内涵

创业，指所有具有开拓性和创新性特征的，能够增进经济价值或社会价值的活动。通常包括新的产品、服务或技术的发明与开发，新的市场的开拓，新的组织形式的创立，新的商业模式的探索等。

在创业的过程中，首要的因素是创新，创新作为创业的核心，要求创业者具有独特的洞察力、前瞻性的眼光以及不断探索和试验的勇气。创业本质上是一种不确定的活动，具有高风险和可能的高收益。创业者需要有承担失败风险的决心和勇气，这也是创业精神的重要体现。创业也涉及资源的整合和利用，包括人力资源、资本资源、信息资源等。有效的资源整合能够为创业活动提供必要的支持和保障，帮助创业者更好地实现创业目标。一个成功的创业项目往往需要具有共同目标和互补技能的团队，以及一位具有领导力的创业者来引领整个团队。

总之，创业是一种复杂的社会经济活动，其内涵涉及创新、承担风险、资源整合、团队建设和领导力等多个方面。这种活动有其内在的复杂性和不确定性，但同时也具有巨大的发展潜力和社会价值。

（三）创新创业教育的内涵

创新创业教育旨在培养学生的创新思维和创业技能，以帮助他们在未来的职业生涯中成功应对和把握各种机遇。创新创业教育着重于培养学生的创新思维，这是一种跨越传统边界，寻求新方法、新视角和新解决方案的思维方式。通过各种教育手段，如项目导向学习、问题解决学习等，创新创业教育致力激发学生的创新精神和创新潜能。创新创业教育强调创业技能的培养，包括发现和抓住机遇、管理资源、组织和领导团队、解决问题和应对挑战等，通过模拟创业实践、案例分析、导师指导等教学方式，学生能够掌握并应用这些创业技能。创新创业教育鼓励学生根据自身兴趣，探索自我，确定个人目标和发展路径，最终实现个人价值。创新创业不仅是个人发展的手段，也是社会发展的重要力量。因此，创新创业教育倡导学生在追求个人价值的同时，关注社会问题，为社会进步做出贡献。

二、创新创业教育的特点

（一）创新性

创新创业教育的创新性体现在教学内容、教学方法、教学评价等多个方面。

在教学内容上，创新创业教育重视实践和实用性，强调培养学生的实际操作能力和解决实际问题的能力。教学内容不仅包括基础知识和理论，更包括市场分析、商业模式、融资策略、团队管理等实践性的知识和技能。此外，创新创业教育还注重培养学生的创新思维和创业精神，以帮助他们在快速变化的环境中找到新的机遇和解决问题的新方式。

在教学方法上，创新创业教育推崇互动和体验式的教学方式。这种方式以学生为主体，鼓励学生主动参与，通过实际操作和实践体验，深入理解和掌握知识。教学方法多样化，包括项目导向学习、案例分析、角色扮演、模拟游戏等，为学生提供更为丰富和深刻的学习体验。

在教学评价上，创新创业教育倾向于采用综合性和形成性的评价方式。这种评价方式不仅考查学生的知识掌握程度，更注重评价学生的创新能力、实践能力、团队合作能力、领导力等综合素质。这种评价方式更能体现学生的个性和潜能，有利于激发学生的积极性和创造性。

（二）实践性

从教育理念角度看，创新创业教育提倡学生投身于实践项目，通过面对企业实际环境和挑战获取解决问题的经验，倡导学生在真实操作中掌握知识，体验创新创业的全过程。这种理念承载了"行动和实践"的精神，使得学生不再满足于纸上谈兵，而是在实践中积累经验，提升能力。在教学方法方面，创新创业教育偏好实践性强、参与度高的教学形式，比如案例教学、项目教学、研究性学习、模拟实验等，借此让学生在接近真实或真实的环境中学习和实践，更深入地理解和掌握知识和技能。这些教学方式也能有效提高学生的分析、解决问题的能力，培育他们的团队协作精神和领导才能。从课程内容设计方面看，创新创业教育追求与实际相结合，尽可能将真实的商业场景、真实的业务问题引入课程，使学生在解决这些实际问题的过程中，对创新创业产生认同感，提升自我创新意识和能力。创新创业教育的实践性也深化到对教学的评价方式上。这一教育类型更多地采用了实践相关的评价指标，比如项目完成度、解决问题能力、团队协作能力等，而非仅限于知识掌握程度。

（三）开放性

创新创业教育注重涵盖和交叉多个学科领域，不再囿于单一学科知识的教授。例如，工程学、商业管理、设计思维、社会科学等多个领域的知识经常被集成在同一个课程或项目中，以帮助学生建立全面的知识体系，拓宽他们解决问题的全局视野。创新创业教育赋予学生更大的自主权和参与性，倡导学生主动参与课程设计、教学活动和项目决策等。教师在其中起引导、指导作用，帮助学生发掘潜力，挖掘问题，找寻问题解决之道。创新创业教育鼓励学生、教师与社会各界的互动和交流。比如邀请企业家、行业专家、创业导师参与教学，为学生提供行业内部视角和经验分享。学生被鼓励到企业实习，或参加创业竞赛，实践他们的创新创业理念。创新创业教育重视过程性和全面性的评价，尊重学生的多样性和差异性。除了考查学生的知识和技能的掌握，还关注他们的思维能力、团队合作能力、创新精神和社会责任感等。

创新创业教育的开放性不仅推动了教育的个性化和灵活化，也更好地适应了社会的变化和需求，为培养创新创业人才提供了一个充满可能性的环境。

（四）社会性

创新创业教育的社会性首先体现在它与社会需求的紧密联系上。当前，世界经济全球化、技术革新加速，创新创业已成为推动社会发展的重要力量。因此，社会对创新创业人才的需求越来越大，而这种需求反过来又推动了创新创业教育的发展。学校与社会合作，以职业需求为导向，设置和优化课程，使学生在学习过程中就能了解和接触社会实际需求，提前为将来的职业生涯做好准备。其次，创新创业教育的社会性也体现在它与社会实践的密切结合上。创新创业教育鼓励学生积极参与社会实践，如实习、创业项目、社区服务等，以增强他们的实践能力和社会责任感。通过这些实践活动，学生不仅能将在课堂上学到的知识应用到实际问题中去，更能了解社会的运行规律，培养出解决复杂问题的能力。再次，创新创业教育的社会性体现在它强调的社会责任感教育上。创新创业并非仅仅关注个体的利益，而是在追求个人成功的同时，也要关注其对社会、环境的影响。创新创业教育因此需要培养学生的社会责任感，使他们在创新创业的过程中，始终保持对社会公益的关注和贡献。最后，创新创业教育的社会性还体现在它倡导的开放与交流上。创新创业教育需要与社会各界保持持续的交流与合作，包括企业、行业协会、政府部门等。这种交流与合作可以使教育更好地响应社会变化，也能为学生提供更丰富的学习机会。

第二节　创新创业教育的必要性与可行性

一、创新创业教育的必要性

（一）适应社会经济发展的需求

在现代知识经济社会中，创新被视为经济增长的关键驱动力，而创业则作为一种独特的创新活动，对于创造就业、促进经济繁荣具有不可或缺的作用。

创新，指的是对新观念、新产品、新技术或新方法的创造和应用。而在经济增长中，创新的角色尤为突出，因为它推动新技术、新业态、新模式的不断涌现。创新往往带来效率的提升，效率的提升可以转化为经济效益，从而带动经济的持续发展。同时，创业在经济发展中的作用不容忽视。创业活动是创新成果的重要载体，是实现创新价值的关键途径。创业能够推动产业结构的优化升级，提升国家的经济竞争力。此外，创业还能够创造大量的就业机会，缓解社会的就业压力。因此，培养具有创业精神和创业能力的人才，也是当前教育的重要目标。创新创业教育能够提供必要的创业知识和技能，帮助学生理解创业的风险和挑战，培养他们的创业勇气和智慧，提升他们的创业成功率。

在此背景下，创新创业教育的必要性显而易见。创新创业教育，可以为社会培养适应知识经济社会需求的创新创业人才。这些人才不仅可以推动新技术、新产品、新业态的创新，还可以通过创业活动，推动经济的发展，增强社会的活力。

（二）提升国家竞争力

建立创新型社会环境对于国家竞争力的提升至关重要。国家竞争力不仅仅取决于经济规模，而且取决于经济质量和经济活力，而这往往与国家的创新能力密切相关。创新创业教育能够帮助我们建立充满活力、鼓励创新的社会环境，提供必要的人才支持和知识支撑，从而提升国家在全球竞争中的地位。可持续发展是目前全球面临的重要任务，而实现可持续发展需要有创新的技术、管理模式和发展模式。科技进步和产业升级是提升国家竞争力的重要路径，而创新创业教育能够为此提供必要的人才和知识支持。社会治理创新是提升国家竞争力的重要路径，而创新创业教育能够为此提供必要的人才和知识支持。创新创业教育，能够为社会培养一批具有创新思维和行动能力的社会管理人才，为公共政策制定、社区服务提供、公共问题解决等提供智力支持

（三）提供就业和创业的机会

这种机会的提供并非单纯地在结业时为学生提供一份工作名单或创业资源，而是通过教育改变学生的就业观念，充实创业的工具箱，进而使其在毕业后能独立面对就业市场，或者选择开启自己的创业旅程。

就业机会的多元化体现在多个方面。一是就业领域的多元化，不再仅限于学生所学专业的传统行业，而是可以涵盖社会的各个角落。例如，物理专业的学生不只是在科研机构或教育机构就业，还可能成为高科技公司的研发人员，或者金融机构的数据分析师。二是就业形态的多元化，不再仅限于全职工作，而是可以包括兼职工作、远程工作，甚至自由职业。例如，文学专业的学生不再只是在出版社或教育机构全职工作，他们还可能成为自由撰稿人，或者线上课程的讲师。创业机会的提供主要在于激发和培养学生的创业意识，提供创业所需的知识和技能，提供创业所需的资源和环境。通过这种方式，学生不再视创业为一种冒险的行为，而是看到了其中的机会和可能。他们不再被缺乏创业经验和创业资

源所困扰，而是能够利用所学的知识和技能，结合所获得的资源和环境，开展创业活动。多元化的就业和创业机会，可以帮助学生根据自己的兴趣和能力，选择最适合自己的就业或创业路径，实现自己的职业发展。同时，这种机会的提供也可以帮助社会更好地利用人才资源，推动社会的创新和发展。

（四）激发区域经济发展

在经济全球化的大背景下，区域经济发展的新动力主要来自创新和创业。创新创业教育通过为学生提供丰富的知识结构、创新思维和实践能力，为区域经济发展提供源源不断的创新活力和人才支持。新的企业和项目的诞生，新产品和服务的推出，都离不开创新思维的引导和创业精神的推动。创新创业教育就是为学生提供这样一个平台，让他们能够在实践中运用所学的知识和技能，发现和解决问题，推动创新和创业活动的进行。创新创业教育在传授知识和技能的同时，也强调培养学生的社会责任感和公益精神。这一点体现在创新创业教育的教学过程中，教育者不仅教授专业知识，更重要的是引导学生关注社会问题，深入理解社会的需求，让他们了解自身的行为和创新活动如何影响社会，以及他们对于社会的责任。对于创新者和创业者来说，他们的活动并非仅仅关乎自身的利益，而是与社会和谐和进步紧密相连。他们的创新和创业行为，如新的技术发明、新的产品和服务、新的商业模式等，不仅可以带动区域经济的发展，同时也能够为解决社会问题提供可能性，实现社会价值。通过将创新和创业活动与区域社会经济发展相结合，创新创业教育也能引导学生去关注、服务于社区，从而在推动区域经济发展的同时，为社区带来更多的价值，实现社会的和谐和进步。

二、创新创业教育的可行性

尽管面临着许多挑战，然而从多个角度看，创新创业教育是完全可行的，如图 2-1 所示。

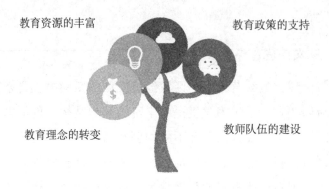

教育资源的丰富　　　　　教育政策的支持

教育理念的转变　　　　　教师队伍的建设

图 2-1　创新创业教育的可行性

（一）教育理念的转变

教育理念的转变是随着时代和社会环境的改变而发生的。在全球化和知识经济的背景下，社会对人才的需求出现了深刻的变化。过去，所需的人才多是注重知识储备和技能掌握的，他们在一定领域内精通技能，能够解决特定问题。然而，在当今社会，这种人才模型已经不能满足社会的需求。当今的社会更需要具有创新精神和创业能力的人才。他们不仅拥有丰富的知识和技能，而且具有独立思考、解决问题的能力，能够适应不断变化的社会环境，面对新的挑战和问题，他们可以提出新的思路和解决方案，引领社会发展。创新型、创业型人才是知识经济时代的核心竞争力。对人才需求的改变，对教育的目标也提出了新的要求。教育不再仅仅是传授知识和技能，而是需要培养学生的创新精神和创业能力。教育理念的转变，对教育系统的各个环节都提出了新的要求。传统的课程设置多侧重知识的传授，而现在，需要的是更多的创新创业相关的课程，这些课程应该帮助学生理解创新和创业的概念，培养他们的创新思维和创业精神，以及解决问题和应对挑战的能力。传统的教学方法主要是教师讲授，学生接受。这种教学方式在培养学生创新创业能力方面的效果有限，教学需要更多的互动式、实践式的教学方式，让学生在实践中学习，让他们在尝试和失败中学会创新和创业。过去，主要通过考试成绩来评价学生的学习效果。然而，在创新创业教育中，需要对学生的创新思维和创业能力进行评价。这就需要建立新的评价体系，重视学生的实践表现和他们的创新成果。

（二）教育资源的丰富

对于创新创业教育的实施，丰富的教育资源是重要的基础。其中包括教育资金、教学设施、课程资源等各方面的资源。

1. 教育资金

教育资金对于创新创业教育的可行性起着关键作用。资源的有效配置，对于全方位、多层次的创新创业教育至关重要。有了充足的教育资金，可以实施更多元化、专业化的创新创业教育计划，有助于孵化和孕育新的创新创业思想。教育资金可以在很大程度上影响教育质量，使得教育机构能够购买或引进更多的先进设备和技术，从而在一定程度上提高教育的效率和效果。此外，教育资金的投入有助于教师的培训和发展，提升教师的教学能力和专业素养，使教师能够更好地指导学生，引导他们探索创新创业的道路。教育资金的投入可以极大地推动教育创新，使教育机构有可能开展一些前沿、创新的教育项目，比如在课程设置上注重实践操作和实际应用，提供更多创新创业实践的机会；可以设置更多与创新创业相关的比赛、挑战、研讨会等，使学生有更多机会接触和体验创新创业。教育资金的投入，也可以使教育机构有能力提供更好的教育服务，比如提供良好的学习环境、丰富的教学资源、专业的学习指导等，这些都对培养学生的创新精神和创业能力具有重要影响。

2. 教学设施

教室、实验室、创新工作室等物理空间能为创新创业教育提供合适的场所。设计创新、技术研发、项目策划等活动需要有适应的空间环境。例如，开展设计创新活动的教室需要有足够的空间供学生讨论、展示和实践；开展技术研发活动的实验室需要有先进的设备和设施。现代化的教学设备和技术可以增强创新创业教育的效果，数字化教学设备，如电子白板、多媒体投影等，可以使教学活动更加生动和直观；网络技术和软件应用，如在线课程、虚拟实验室等，可以扩大教学的时间和空间范围，提高教学的效率和效果。实践教学设施如创业实训基地、实验工厂、模拟企业等，可以提供实际的创新创业环境，使学生在实践中学习和掌握创新创业的知识和技能，培养和提高他们的创新精神和创业能力。合适的环境、设备和技术、实践场所，能为学生提供良好的创新创业教育环境，促进他们的全面发展。

3. 课程资源

创新创业教育课程体系涵盖了创新理念、创业策划、项目管理、市场营销、风险评估等多个领域，能够系统地、全面地提供创新创业的知识和技能。学生通过学习这些课程，不仅能够掌握创新创业的理论知识，还能够通过实际操作和实践活动，提高自己的创新创业能力。同时，课程资源的开放性和灵活性也使得创新创业教育的实施更加可行。教师可以根据学生的兴趣和需求，自由选择和组合课程内容，设计适合学生的教学方案。同时，通过在线教育平台，学生可以自主选择和学习课程，根据自己的时间和节奏进行学习，提高学习的效率和效果。

（三）教育政策的支持

政府对创新创业教育在政策导向上为其提供了强大的推动力。政府设立创新创业基金，充分体现了对创新创业教育的支持态度。基金的设立，旨在鼓励和支持学生的创新创业活动，为他们提供了良好的环境和条件。学生可以通过申请基金，获取到启动创新创业项目所需的资金支持，从而克服资金短缺的问题，让他们的创新创业项目得以顺利开展。政府还将创新创业教育纳入正规的教育体系，设立创新创业课程，使其成为学生必修的课程之一。这一举措的实施，有效地确保了学生可以系统地接受创新创业教育，也体现了政府对创新创业教育的重视和支持。政府还通过建立创新创业实践基地，为学生提供了创新创业实践的平台。这些实践基地能够让学生有机会把在课堂上学习的理论知识应用到实际操作中，从而提高他们的创新创业能力。通过在实践基地的实践活动，学生可以了解到创新创业的具体流程和操作方法，从而更好地为将来可能的创新创业活动做好准备。

这些政策的实施，为创新创业教育提供了强大的支持，使其成为可能，并且具有可行性。然而，政策的实施并不能一蹴而就，需要得到社会各界，尤其是教育界的支持和参与，才能真正发挥其应有的效果。因此，政府在推动创新创业教育的过程中，还需要更加积极地推动各方面的合作，以促进创新创业教育的发展。

（四）教师队伍的建设

教师队伍在创新创业教育中占有核心地位，是推动创新创业教育深入开展的关键力量。教师的素质、能力和水平，决定了他们对于创新创业教育理念的理解和接纳程度，进而影响他们的教学设计、教学实施和教学效果。教师的专业素养是教学质量的基础。具备创新创业知识和技能的教师，可以科学地设计创新创业课程，合理地组织教学活动，有效地引导学生开展创新创业实践，从而提高教学的质量和效果。教师的创新意识和能力，影响到他们对创新创业教育的理解和实施。具备创新精神和能力的教师，可以创造性地设计教学方案，灵活地调整教学策略，有效地解决教学问题，从而提高教学的效果。教师的教学热情和奉献精神，是影响学生学习效果的重要因素，具备高尚职业道德的教师，可以以身作则，鼓励和引导学生积极投入创新创业实践，从而提高学生的学习积极性和主动性。

因此，构建一支具备创新创业知识和技能、具备创新精神和能力、具备高尚教师职业道德的教师队伍，是实现创新创业教育可行性的关键。只有教师队伍的专业素质、创新能力和道德素质得到提升，才能保证创新创业教育的质量和效果，进而推动创新创业教育的深入发展。

教师不仅是知识和技能的传递者，也是价值观和人生观的引导者，对学生的影响深远而长久。在创新创业教育中，教师扮演着指导者和促进者的角色，引导学生理解创新创业的内涵和意义，激发他们的创新精神和创业意识，培养他们的创新创业能力。目前，越来越多的教师认识到了创新创业教育的重要性，他们在自我学习和研修中不断提高自身的创新创业教育教学能力。这个过程包括两个层面：一是掌握创新创业的相关知识，包括创新创业的基本概念、理论、方法等；二是掌握创新创业的教学方法，包括案例教学、项目教学、实践教学等。教师自我提升不仅提高了教师的教学效果，也对学生产生了深远的影响，激发了学生的创新创业精神和能力。教育部积极开展各种形式的教师培训，为教师提供创新创业教育的理论知识和实践技能的训练。通过培训，教师们可以了解最新的创新创业理论和实践，掌握更有效的创新创业教育教学方法，提高创新创业教育的教学效果。

第三节　高校创新创业教育的基本理论与内容

一、创新创业教育的基本理论

（一）主体教育理论

主体教育理论指依靠主体来培养主体的教育，强调学生的主动性和创造性，终极目标是使每个人都得到全面、自由、充分的发展，具体内容包括教育主体、受教主体和施教主体三部分。

1. 教育主体

教育主体是教育活动的中心，主要包括教师和学生。教师是教育的引导者和组织者，通过专业知识和技能的传授，为学生提供学习的导向和框架。学生则是教育的接受者和实践者，通过学习，获取知识和技能，形成自我认知，发展个人潜能。教育本身具有自我能动性和相对独立性。自我能动性体现在教育主体在教育活动中的主动性，他们不仅被动接受教育，而且积极参与教育活动，通过自我学习和实践，推动自身的发展。相对独立性则体现在教育主体具有自主发展的权利和能力，可以根据自己的兴趣和需求，选择和决定自己的学习路径和方式。然而，教育主体的自我能动性和相对独立性，并不意味着他们可以脱离社会、企业和个人的现实需要。相反，教育主体必须与社会、企业和个人有全面的联系，必须符合社会的需求，适应企业的发展，满足个人的成长。这就要求教育主体遵循教育规律，同时也要考虑社会规律、企业规律和个人规律。现代化教育理念强调了教育的开放性和包容性，要求教育主体既要保持自身的独立性，也要与外部环境有良好的互动。在这个过程中，教育主体不仅可以获得新的知识和技能，也可以获得新的视角和理解，进一步提高他们的教育能力和效果。

教育主体既是教育活动的主导者，也是教育改革的推动者。他们推动教育的发展，同时也通过与社会、企业和个人的全面联系，保证教育的实用性和有效性。这种均衡的发展，是教育主体在现代化教育理念下的重要体现。

2. 受教主体

受教主体，即学生，是教育活动的主要接受者和实践者。现代教育理论强调学生的主体地位，视他们为独立的人，不仅拥有自己的情感、理解和意愿，而且还具有创新能力和解决问题的能力。教育不仅传授知识，也要发掘学生的潜力，鼓励他们自主思考和探索，培养他们的独立性和创新性。

尊重学生的主体地位意味着教育应该以学生的发展为中心，学校和教师应该为学生的发展服务，学生不应该被剥夺他们的主体权利，应该被视为具有自我决定权和自我发展能力的个体。他们有权选择和决定他们的学习路径和方式，有权参与教育活动的设计和实施，有权对教育效果提出评价和反馈。发挥学生的主体能动作用，充分调动他们的积极性和创新性，使他们在学习中主动思考、主动探索、主动实践。这需要教师在教学中采取以学生为主的教学方式，引导他们进行自我学习和独立思考，培养他们的问题解决能力和创新能力。同时，教师还需要引导学生端正学习态度，强化学习责任感，使他们主动承担起自身发展的责任。在这个过程中，学生将会逐渐形成独立的人格、独立的思考能力、独立的学习能力和独立的创新能力。

3. 施教主体

教师在教育活动中的主体性相对于学生主体更为完善和强烈，但二者的关系不能简单地理解为主动和被动或主体与客体的关系。主体教育理论要求确立施教者的主体地位，只有具有完全主体地位的老师，才能教育出具有丰富主体精神的学生，而学生的主体性是否得到充分发挥和发展，也成了检验施教者主体性高低的根本标准。

从价值论角度看，主体教育理论作为一种教育价值观，是从人作为社会生活主体的角度来理解教育的本质和功能的，强调教育的最高价值是人类本身，并体现了人性论中学生作为成长主体，具有一定主体性。该理论的基本立场是弘扬学生的主体性，同时采取发挥施教主体和受教主体的主体性的基本策略培养高创造性的人才。

（二）个性教育理论

个性教育理论是指尊重并重视每个学生的独特性格、兴趣、潜力的教育理念，鼓励他们自我发展和成长。在创新创业教育中，个性教育理论尤其重要，因为每个人的创新思维和创业路径都是独特的。教育者应提供定制化和个性化的学习方案，以满足学生不同的学习需要和兴趣。通过对每个学生的能力、兴趣、学习风格进行全面的了解，教育者可以提供更适合他们的学习资源和方法。个性化的教育方式能激发学生的学习兴趣和创新精神，提高他们的学习效率和成效。创新创业涉及许多领域，每个人都可能有自己独特的见解和想法。教育者应鼓励学生发表自己的观点，接纳不同的想法，通过讨论和交流，激发创新思维。创新创业教育并不只是理论知识的学习，更需要实际操作。教育者应提供实际的项目和实践机会，让学生在实践中学习和成长。在激发学生的创新创业精神方面，教育者应引导学生尝试新事物，敢于冒险，不怕失败。

然而，教育者也应认识到，每个学生的发展速度和方式都是不同的，不能过于强调竞争，而忽视个人成长的过程。教育者应鼓励每个学生根据自己的节奏和方式发展，成为自己的主人。

（三）全面发展教育理论

全面发展教育理论强调在教育过程中关注学生身心各方面的成长和

发展。这一理论旨在培养学生具有全面的知识结构、健全的人格特质以及丰富的社会实践经验。在创新创业教育中，全面发展教育理论主要体现在以下几个方面：

1. 知识的全面性

创新创业教育中知识的全面性专注于培养学生广泛、多元的知识结构。这样的知识结构以专业技术知识为基础，涵盖了跨学科的知识和技能。在这个过程中，教育者扮演着设计者和引导者的角色，他们需谨慎考虑课程设计，保证学生有机会接触和理解多元化的知识，从而在创新创业过程中具备解决问题和应对挑战的能力。为此，教育者必须了解学生的学习兴趣和需求，以及他们所在领域的新趋势和发展动向。这样，教育者可以为学生提供具有前瞻性和实用性的课程，帮助他们在专业领域中建立坚实的基础，同时也培养其他领域丰富的知识和技能。同时，教育者要引导学生主动探索和学习，培养他们的自我学习能力。在知识不断更新、技术革新日新月异的今天，学生需要具备持续学习的能力，不断更新知识，追求创新。因此，教育者应培养学生的探索精神和学习热情，让他们在学习过程中享受掌握新知识的乐趣。创新往往来自不同领域知识的碰撞和交融。通过跨学科的学习，学生可以拓宽视野，理解不同领域的知识和思维方式，从而激发新的思维和创业想法。同时，跨学科的合作也可以培养学生的团队协作精神和沟通能力，这对于创新创业的成功来说同样重要。在知识的全面性这个目标下，教育者与学生共同构建开放、多元、交互的学习环境，学生将能够在创新创业的道路上，用多元化的知识理解世界，解决问题，实现自我价值。

2. 能力的全面性

创新创业教育在提升学生专业技能的同时，更强调能力的全面性，包括批判性思维、创新思维、团队协作能力、沟通能力等。实际上，这些非专业技能的能力往往在创新创业的过程中起着决定性的作用。批判性思维是解决问题和做出决策的关键，涉及分析问题、评估信息、形成逻辑论证的能力。教育者可以通过设计情景模拟、案例分析等活动，培养学生的批判性思维。创新思维是创新创业的灵魂，指对已有知识和经验的新的、独特的理解和运用。为了培养学生的创新思维，教育者可以设定开放性的问题，鼓励学生提出独特的解决方案。同时，也可以通过展示各种创新案例，激发学生的创新意识。团队协作和沟通能力在创新创业过程中尤为重要，无论是产品开发、市场营销还是商业运营，都需要团队的紧密合作。教育者可以通过小组项目、角色扮演等方式，培养学生的团队协作和沟通能力。在这个过程中，学生不仅要学会分享自己的想法，也要学会倾听他人的意见，理解他人的需求。

能力的全面性强调多元能力的平衡发展。每一种能力都对创新创业过程有着重要的影响。教育者应结合教学内容和学生的实际需求，灵活运用各种教学方式和方法，培养学生全面的能力。这样，学生不仅能够在专业领域做出卓越的成绩，还能在团队合作、问题解决、决策制定等方面表现出出色的能力，更好地应对创新创业的挑战。

3. 人格的全面性

创新创业过程中，挑战与困难无处不在，学生必须具有坚韧不拔的意志。每一次失败都可能是成功的起点，每一次挑战都可能是成长的机遇。教育者应通过各种方式，如案例分享、经验交流等，使学生认识到挫折和失败的价值，培养他们面对困难不屈不挠的精神。学生需要有自我驱动的学习和探索的动力，以及独立思考和解决问题的能力。教育者应通过独立项目、实践活动等方式，培养学生的自主学习和独立思考的能力。创新创业不仅需要技术和策略，更需要良好的职业道德和社会责任感。教育者应通过各种方式，如课堂讨论、角色扮演等，引导学生形成正确的价值观，培养其良好的职业道德。教育者在培养学生人格特质的过程中，还应注重学生的情感体验和个人成长，鼓励学生积极面对挫折和失败，看到其中的成长和学习的机会。同时，他们也要引导学生理解和尊重他人，形成良好的人际关系。

4.社会实践的全面性

创新创业不仅仅局限于理论知识的掌握，还有在实践中的锤炼和体验。教育者在提供丰富的理论知识的同时，还要为学生提供各种社会实践机会，让他们在实践中体验和理解创新创业的过程。实习是一个有效的实践方式，可以让学生有机会在实际的工作环境中运用所学知识，接触和理解行业内的具体操作流程。这种亲身经历可以提高学生的专业技能，同时也能让他们了解自己的兴趣和职业规划。项目是另一个重要的实践方式。通过参与项目，学生可以在实际操作中运用和提升自己的能力，同时也可以锻炼他们的团队协作和项目管理能力。这种实践可以帮助学生理解创新创业的全过程，从产品开发、市场营销到商业运营。比赛也是一种重要的实践方式，尤其是创新创业比赛。参加这样的比赛，学生可以有机会展示自己的创新想法和项目，同时也能从他人那里学习和获取反馈。比赛的竞争性和挑战性可以激发学生的积极性和创造性。

二、创新创业教育的内容

创新创业教育的内容极其丰富，涵盖面广，主要包括创新创业意识、能力、心理品质、综合知识等。教育内容涉及创新教育、创业教育、心理教育和专业教育等。在教育的开展方式上主要涉及课内教学、校内实践和校外拓展等。

（一）创新创业意识

创新创业意识可以从创新、创业两个维度进行理解，具体如下：

1.创新意识体现在对创新的追求上

创新意识是创新创业过程中的驱动力，激发个体挑战已有的认知框架，寻找和尝试新的解决方案。培养学生的创新意识，就是要鼓励他们保持开放的心态，勇于尝试，敢于失败。这需要教育者在教学过程中注重创新精神的培养，如提供开放性的问题、鼓励多元的思维方式，激发学生的创新潜力。

2. 创业意识体现在对创业的热情和决心上

创业意识是指个体对创业的积极态度和行动倾向。对于学生来说，创业意识可能体现在对未来职业生涯的规划，对自我能力的认知，对创业机会的发现和利用等方面。培养学生的创业意识，需要教育者引导学生理解创业的意义和价值，激发他们的创业热情，同时也需要提供实际的创业经验和知识，帮助他们理解和应对创业过程中的挑战。

3. 创新创业意识体现在个体的责任感和社会意识上

创新创业者不仅需要关注个人的利益，也需要关注社会的利益，理解和承担自己的社会责任。培养学生的责任感和社会意识，教育者要引导学生理解创新创业对社会的影响，鼓励他们关注社会问题，用创新创业的方式去解决这些问题。

（二）创新创业能力

创新创业能力是指个人或团队在面对复杂的商业环境时，能够通过创新思维和方法，发现或创造商业机会，并有效地组织资源，推动商业模式或产品的发展，以达成特定商业目标的能力。

（三）创新创业心理品质

创新创业心理品质是个体在创新创业过程中表现的心理特质和态度，包括冒险精神、毅力、自我效能感、忍受失败的能力等。这些心理品质对于创新创业成功具有重要的影响。

冒险精神是创新创业过程中不可或缺的心理品质，决定了个体愿意冒险尝试新的事物，接受未知的挑战。在教育过程中，培养学生的冒险精神，教育者要鼓励学生走出舒适区，尝试不同的可能，接受失败和挑战。毅力是指在面对困难和挫折时，个体依然保持坚持不懈的精神。创新创业过程中充满了挑战，只有具备足够的毅力，个体才能克服困难，实现目标。培养学生的毅力，教育者要引导学生正确看待挫折，鼓励他们在失败中坚持，从中学习和成长。自我效能感是个体对自我能力的信念和评价，影响个体的动机和行动。高自我效能感的个体更有可能在创新创业过程中取得成功，因为他们相信自己有能力解决问题，实现目标。培养学生的自我效能感，教育者要积极反馈学生的进步，鼓励他们建立自我能力的信念。忍受失败的能力是指在面对失败时，个体能够积极接受，从中学习的能力。创新创业过程中的失败是常态，学会忍受失败，从失败中学习，是创新创业成功的重要因素。培养学生忍受失败的能力，教育者要引导学生正确看待失败，将其视为学习和成长的机会。

（四）创新创业综合知识

创新创业教育旨在提供全方位的学习资源，构建一个全面的教育框架。同时，在激发和塑造大学生的创新创业精神、技能和必要的心理素质的同时，也需要让他们掌握与创新创业相关的社会综合知识，这是实施创新创业教育的基本条件。创新创业知识涵盖了创新创业相关的专业知识、技术知识、经营知识、管理知识等。例如，它涉及创新创业过程中必须了解和遵守的各项基本政策法规、税收制度以及对市场环境等内容的深入理解。同时，也包括对经济核算方法、企业运营管理的独特性、商业谈判技巧、公共关系策略等各个方面的熟悉和理解。可以看出，创新创业教育的主要目标是为学生提供一个全面的学习环境，培养他们的创新创业精神，提高他们的创新创业技能，并提供必要的社会综合知识，使他们在创新创业的道路上能够走得更远、更稳。

第四节　创新创业能力的内涵

创新创业能力是一个复杂的、多层次的概念，涵盖了许多不同的元素和维度。它不仅涉及技术和专业知识，还包括创新思维、批判性思考、解决问题的能力、决策能力，企业家精神、经营管理能力、自我发展的能力等。

一、创新思维

这是创新创业能力的核心。创新思维是指在解决问题和寻求机会时愿意打破常规，接受并引入新的想法和观点。这种思维方式带有强烈的逆向思维和突破性思维的特点，寻求颠覆和改变现状，挑战既定的规则和观念。创新思维的关键在于能够以新的、不同的视角去看待问题，挖掘隐藏在问题背后的新的可能性。这种新的视角往往能够揭示出被忽视的问题或未被发现的机会，从而引发新的思考和尝试。在创新创业过程中，创新思维更体现在对新的商业机会的寻找和把握上。创业者要有敏锐的洞察力，能够从大量的信息中找出有价值的机会，然后以创新的方式进行把握和利用。创新往往意味着风险，只有敢于冒险，才能把握住创新的机会。而这种冒险精神并不是盲目的，而是基于对情况的深入理解和对风险的科学评估。此外，创新思维的培养需要创新创业教育的引导和培育，教育者可以通过设计富有挑战性的问题和任务，激发学生的创新思维。同时，教育者还要鼓励学生敢于尝试，敢于冒险，这样才能使他们在实践中锻炼和提升创新思维。

二、批判性思考

批判性思考是创新创业中的一个重要能力，涵盖对问题、想法、观点、情境进行分析、评估，以及做出有根据、合理决策的能力。这意味着对于创新创业过程中的每一个环节，包括但不限于提出新点子，设计产品，筹备资金，管理团队等，都要以批判性思考的方式去对待。在问题解决过程中，批判性思考需要我们去除固定的思维模式，不受既有的框架和观念束缚，对问题进行全面、深入的分析。这需要我们观察问题的全貌，理解问题的本质，找出问题的症结所在，而不是仅仅停留在表面的现象。在决策过程中，批判性思考要求我们能对各种信息、数据进行深入的分析，对各种可能性进行评估，然后根据分析和评估的结果，做出最有利于实现目标的决策。这种决策方式不仅能提高决策的正确性，还能减少决策的风险。批判性思考更是创新思维的一种重要形式，需要我们对自己的观点和假设进行反思，对现有的知识和理论进行挑战。这不仅能够推动我们的知识不断更新和深化，还能激发我们的创新思维，开辟新的思考视野。

三、解决问题的能力

创新创业不可避免地会遇到各种复杂问题，这些问题可能涉及技术难题、市场变化、财务策略、人员配置、企业文化等多个方面。解决这些问题需要强大的解决问题的能力，其中包括识别问题、分析问题、设计解决方案、实施解决方案以及评估解决效果。

识别问题是解决问题的第一步，能准确地发现问题的存在，明确问题的性质和特征。这需要对问题有深入的理解和敏锐的洞察力。在创新创业过程中，问题可能隐藏在各个环节和角落，识别问题需要将注意力集中到可能出现问题的地方，将其找出并准确地定义。分析问题是解决问题的第二步，了解问题的根源，找出问题的症结，这需要对问题进行深入的研究，运用逻辑思维和分析工具，把问题分解成可操作的部分，找出问题的关键因素。设计解决方案是解决问题的第三步，根据问题的分析结果，提出解决问题的策略和方案。设计解决方案需要创新思维和策略规划，对多种可能的解决方案进行权衡，选择最优的方案。实施解决方案是解决问题的第四步，需要将设计的解决方案转化为实际的行动，这需要执行力和团队协作。实施解决方案需要对方案进行有效的管理和监控，保证方案的顺利实施。评估解决效果是解决问题的最后一步，需要对实施解决方案的结果进行评估，检查问题是否得到解决，这需要评估技巧和数据分析能力。评估解决效果需要对实施的结果进行跟踪，对结果进行深度分析，以便进行下一步的决策。

四、决策能力

创新创业的每一步都伴随着各种决策，这些决策可能涉及产品的设计和优化、市场策略的选择和执行、团队组建和管理，以及资源的有效配置。做出明智的决策需要运用高级的信息处理技能，包括对信息的收集、分析，对风险的评估，以及对决策可能产生影响的预测。在信息爆炸的时代，如何从海量的信息中精选出对决策有帮助的信息，然后进行深入的分析和解读，是做出高质量决策的关键。这需要良好的数据分析能力、逻辑思维能力以及广阔的知识视野。任何决策都伴随着一定的风险，如何评估这些风险，如何在风险和收益之间找到平衡，是决策能力的核心。这需要对风险有深刻的理解，能够运用风险评估的工具和方法。决策不仅会影响当前的情况，还会对未来产生深远的影响。如何预测决策的长远影响，需要对业务环境有深入的理解，对业务趋势有敏锐的洞察力，还需要运用预测模型和工具。

五、企业家精神

企业家精神被广泛认为是创新创业的内在驱动力。这种精神包含的品质并不局限于商业领域，包括对机会的发现和把握，对创新的不断追求，以及对风险的积极应对。这些品质构成了创新创业能力的重要组成部分，是每一个创新创业者应当具备的核心素质。

对机会的发现和把握是企业家精神的重要表现。在快速变化的市场环境中，机会随处可见，但并非每个人都能发现并把握住。企业家要有独特的洞察力，能够从复杂的信息中发现潜在的机会。同时，企业家还要有果断的行动力，能够迅速抓住机会，实现价值。在知识经济时代，创新是推动经济社会发展的重要动力，也是企业获得竞争优势的关键。企业家要有强烈的创新意识，勇于挑战现状，寻找新的解决方案。同时，企业家还要有实现创新的能力，能够将创新的想法转化为实际的产品或服务。创新创业充满了不确定性和风险，企业家需要有勇于面对风险的决心，有足够的勇气接受可能的失败。同时，企业家还要有风险管理的能力，能够通过科学的方法降低风险，提高成功的可能性。除此之外，企业家精神还包括积极进取、敢于冒险、坚韧不拔等品质。这些品质使企业家在面对困难和挑战时，能够坚持下去，不断前进，最终实现目标。这种精神是创新创业成功的重要保证，也是创新创业能力的重要组成部分。

六、经营管理能力

经营管理能力涵盖了多个方面，包括组织领导、战略规划、资源配置、财务管理、项目管理、人力资源管理等。

组织领导是指引领和激励团队成员朝着共同的目标前进，以达成企业的使命和愿景。成功的创业者必须有清晰的目标，激发团队成员的工作热情，建立有效的沟通机制，提高团队的协作效率。战略规划是对企业未来发展方向的设定，创业者要具有前瞻性的思考，能够根据市场环境和企业资源，确定企业的发展战略，制订实施计划。资源配置是指在有限的资源中做出最有效的利用。创业者需要有良好的分析和判断能力，能够根据企业的战略目标和任务需求，合理配置人力、财力、物力等资源。财务管理则要求创业者熟悉财务知识，能够对企业的财务状况进行准确的分析和预测，制定科学的财务决策，保障企业的经济效益。项目管理则是指在项目实施过程中，通过有效的方法和手段，实现项目目标的过程。这需要创业者具有良好的计划和组织能力，能够对项目进度进行有效的控制。人力资源管理则涉及员工的招聘、培训、激励、评估等方面，创业者要能够建立和优化人力资源管理体系，提升员工的工作效率和满意度，激发员工的创新潜力。

七、自我发展能力

具备强烈的自我发展能力的创业者能够积极主动地适应环境，学习新知识，改进工作方式，优化解决问题的策略，并不断提升自我，从而推动创新创业项目的成功。

自我发展能力首先体现在自我学习上。创新创业是持续学习的过程，包含新的技术、新的管理方式、新的市场策略等等，创业者必须具备良好的自学能力，以获取最新的知识和信息，提升自身的专业素养。其次，自我发展能力体现在自我调适上。创业的过程中，创业者会面临各种挑战和压力，要有能力在困难和压力中找到适应的方法，积极调整自己的心态和行为，以保持良好的精神状态和工作效率。再次，自我发展能力体现在自我驱动上。创新创业要积极主动，不断突破自我，不满足于现状，有持续改进的意愿。创业者要有内在的驱动力，推动自己去寻求新的机会，创造新的价值。最后，自我发展能力体现在自我反思上。创业者要有反思自己的行为和决策的习惯，以发现自己的错误和不足，从而进行改正和提升。自我反思能力，可以帮助创业者在实践中不断提升自我，提高创新创业的成功率。

第三章 民族高校新工科人才创新创业价值观与精神能力的培养

第一节 当代大学生创新创业价值观的培育

一、相关概念

（一）价值

"价值"这个术语，我们都不陌生。但是，如何准确地定义"价值"呢？在汉语中，"价值"最初是指商品交易的价格。在西方经济学的语境中，"价值"用来描述商品的用途或在交换中的相对价格。然而，在哲学或社会学等领域，"价值"的定义就变得更加抽象了。

价值与"物对人有用或使人愉快等的属性"有关。同时，只有当客观事物满足主体的需求时，价值才会显现出来。因此，价值是主体与客体之间关系的反映，表现了主体对客体的需求，以及客体具有满足主体需求的属性。价值的基本规定性在其主体性、客观性、实践性和历史性、绝对性和相对性中表现出来。价值的主体性表现在价值关系的形成依赖于主体的存在，只存在于人类世界。价值的客观性表现在价值与主体需求相关，但这并不意味着价值是主观的，价值的存在有其客观基础，即客体必须具有满足人需求的属性。价值具有实践性和历史性。基于实践，人类社会得以生存、发展。实践也是人类认识的基础，在认识、实践、再认识、再实践的过程中，人类也在不断提高、实现自我价值。

（二）价值观

价值观是基于人的一定的思维感官之上而作出的认知、理解、判断或抉择，也就是人认定事物、判断是非的一种思维或取向。在阶级社会中，不同阶级有不同的价值观念。价值观具有稳定性和持久性、历史性与选择性、主观性的特点。价值观对动机有导向的作用，同时反映人们的认知和需求状况。

（三）大学生创新创业价值观

大学生创新创业价值观指的是大学生基于自身需求和国家、社会需要，在创新创业实践基础上，对创新创业目标的认识以及在创新创业时采取的价值判断和选择标准，是社会主义核心价值观在创新创业上的体现，以"创造价值，讲求效率公平"为出发点，以大学生个体的全面发展为最高价值理想，以是否推动社会发展和维护人民根本利益为评价标准。

二、当代大学生创新创业价值观的主要内容

当代大学生创新创业价值观主要包括家国情怀、敢闯会创、勇于奋斗、创造大美、崇尚劳动五个方面，如图 3-1 所示。

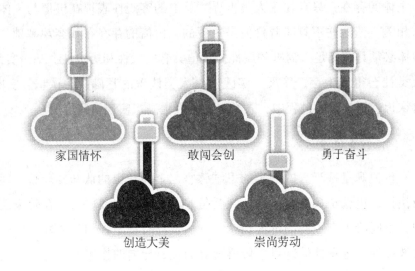

图 3-1　当代大学生创新创业价值观的主要内容

（一）家国情怀

　　家国情怀融合了对家庭和国家的深深热爱，对社会和人民的关心和责任，以及对未来和梦想的追求。当代大学生的创新创业价值观中，家国情怀占据核心地位。这种情怀激发了当代大学生的爱国热情，也激励他们为家庭和社会作出贡献。家国情怀不仅仅是一种情感，更是一种行动指南。它驱使大学生关注国家的发展，关注社会的问题，并积极寻求解决方案。家国情怀在某种程度上塑造了大学生的创新创业理念。他们创新创业，不仅仅是为了个人的成功和收益，更是为了实现对家庭、社会和国家的回馈。这种家国情怀，不仅使他们具备了坚韧不拔的精神，同时也为他们的创新创业之路注入了更深的目标和意义。当代大学生更加关注创新创业活动对社会、环境和文化的影响，更加强调创新创业的公平和可持续性。家国情怀使他们能够在创新创业中更好地平衡个人、社会和国家的利益。他们把创新创业视为一种责任和使命，对自身、家庭、社会和国家的奉献。对于创新创业的态度，使他们能够在创新创业的过程中始终保持积极向上、坚韧不拔的精神。

（二）敢闯会创

创新创业教育就是要在促进创新创业实践中，帮助大学生巩固专业知识、综合知识，培养"敢闯会创"的价值观。

首先是敢闯，这要求学校培育学生勇于开拓和尝试的精神，这种精神既体现在敢于追求新奇和不同寻常的想法上，更体现在愿意冒险、勇于实践、不断探索新领域的决心上。学生应被鼓励去引领新潮流，走在时代的前沿，并以敏锐的洞察力和果敢的行动去占据发展的主动权。这种"敢为天下先"的精神将使他们在面对传统观念和常规做法的束缚时，能够打破框架，勇于创新。另一方面，敢闯意味着应增强学生的坚韧创业意志，创业之路充满了不确定性和挑战，面对种种困难和障碍，只有具备坚强意志的人才能够顶住压力，克服挑战，并最终取得成功，因此培养学生们的创业意志，使其具备独立思考、坚定决策、果断行动和良好的自我控制能力是至关重要的。创业意志是对目标的执着追求，更是在面对失败和挫折时不放弃、持续努力的内在动力，这种精神力量是推动创业活动走向成熟和稳定发展的关键。

其次是会创，激发青年学生的创造性思维和行动力。年轻人天生具有的开放的思想、充沛的精力和对新事物的好奇心，使他们成为创新创业的主力军。高等教育机构应致力于构建一个有效的学生创新培养体系，激励学生树立并深化创新意识，并将其转化为自觉的追求。这种教育既注重理论知识的传授，更重视创新思维的培养和实践能力的锻炼，学生被鼓励将创新理念应用于现实生活中，从而培养出真正能够制造变革的下一代。此外，学校还应该重视创业教育的实践性和应用性，机会型创业是一种充满创新的商业实践，它侧重于发掘新的市场机会，并往往伴随着较高的技术含量和广阔的发展空间。鼓励大学生进行机会型创业不仅有助于他们解决个人就业问题，还能通过创造新的就业机会来推动经济的可持续增长和社会的进步。尽管生存型创业也是重要的，特别是在它为解决社会就业压力方面的作用不容忽视，但机会型创业的长期影响和价值更加显著。无论是机会型还是生存型创业，其目的都在于创造价值，这里的价值不仅仅局限于经济层面，还包括社会价值和个人生活价值的提升。

（三）勇于奋斗

在创新创业的征途上，大学生面临的不只是外在环境的挑战和压力，还有来自内心的矛盾和挣扎，在这个过程中，坚持不懈的奋斗精神显得尤为重要，这种精神既体现在应对挑战的勇气和毅力上，还表现在面对失败的接受和从中学习的能力上。具体而言，这包含了艰苦奋斗、公平竞争和团结协作三个方面。

第一，艰苦奋斗是中华民族的传统美德，它根植于中国共产党领导的革命和建设历程中，无论是井冈山精神、长征精神、延安精神，还是"两弹一星"精神、抗洪抗震精神，都体现了中华民族在逆境中勇往直前的坚韧精神。这些都告诉人们，创业之路充满了挑战和艰辛，对于大学生来说，面对创新创业的风险和困难，只有保持坚韧不拔的决心，才能够在挫折中成长，最终实现创业梦想。

第二，公平竞争是市场经济的核心原则之一，在这个基于契约的经济系统中，每个经济主体都应在拥有相应经济资源的基础上，认识并尊重对方的平等权利。社会主义市场经济中的交易关系要求各方遵守法律、市场标准和交易规则。对于大学生而言，强化公平竞争精神意味着在创新创业活动中应遵纪守法，并在法治框架内发挥智慧，进行合法的创业活动，这种价值观的培养有助于大学生在市场经济中公平竞争，并保障自身合法权益。

第三，团结协作在当今信息快速发展、技术不断进步的时代尤为重要。在科技创新领域，知识的复杂性和技术的高精尖要求，很难依靠单个个体的知识和能力来实现，因此科研团队成为实现重大创新的关键因素。对于创业项目而言，除了创业者个人之外，一个富有创意和协作精神的团队是其成功发展的保障。创业活动，特别是那些基于知识和创新的项目，往往需要团队成员之间的协同合作，通过团结协作，可以集合多方智慧和力量，不仅加强了创业项目的实力，也为每个成员提供了个人成长和技能提升的机会。

（四）创造大美

创新创业教育的本质就是要培养具有开创性的个人，促进大学生的自由全面发展，正是按照美的规律在创新创业实践中完善主观世界、改造客观世界。苹果公司区别于其他计算机公司的关键点，就在于它在追求科技进步的同时，不忘对艺术和美的热衷。创新创业教育要超越单纯的科技成果和产品设计，更加注重培养大学生创新创业过程中的美学意识，从而形成"创造大美"的价值观，这就是培养有创新精神的个人和超越性的人生观。

培养有创新精神的个人，是创新创业教育的首要任务。这种教育需要超越仅仅追求财富或创业的目标，更关注唤醒和发展大学生的个体性格，让他们充满热情和活力，成为生命创新者。创新创业不仅仅追求经济利益，而且追求社会价值和生命价值。大学生在创新创业中，除了需要注重物质追求，更需要拓宽精神领域，提升生命品质。创新创业是自由发展的活动，它创造的价值不仅仅是经济价值，更包括社会价值和人生价值。

大学生在创新创业中，将个人追求融入实现中华民族伟大复兴的中国梦中，为国家的繁荣富强而奋斗，这种崇高的情怀可以激发他们的精神动力，将创新创业中的困难挑战转化为人生成长的动力。在追求创新创业成功的同时，他们也致力于服务人民，提升生活质量，从而赋予自己的创新创业活动更高的意义，达到超越性的人生境界。这就是人生的美，也是创新创业教育所追求的目标。

（五）崇尚劳动

对于一代新青年，崇尚劳动的价值观是构建个人创新创业基石的重要组成部分。劳动是人类进步的源泉，是人类生活得以维持的基础。在创新创业的过程中，这一价值观显得尤为重要。

崇尚劳动，尊重劳动，是大学生在创新创业中必须坚守的理念。学习和工作，学习和研究，都是劳动的形式。崇尚劳动，不仅表现在尊重每一份辛勤付出，也表现在对劳动成果的尊重。崇尚劳动意味着对各类劳动形式的认同。在创新创业过程中，无论是脑力劳动还是体力劳动，无论是管理劳动还是生产劳动，都有其独特的价值。深入理解和认识每一位参与创新创业的人，都是劳动者，都在为创新创业付出努力，都是值得尊重的。这种尊重不仅体现在人们对劳动者的理解和认同，更体现在对劳动者付出的努力和劳动成果的尊重。只有这样，才能在创新创业中，形成良好的人才流动和人才使用环境，激发每一个人的创新创业潜能。

三、当代大学生创新创业价值观生成的关键环节

（一）理性认知

大学生的创新创业价值观并非自发形成的，而是需要通过精心设计的教育体系来培育。这种培育并非仅仅在知识的层面上进行，而是以知识为基础，引导大学生形成积极向上的精神品质，塑造科学的思维模式，建立坚定的自信心和信念。大学生的创新创业价值观是基于他们对创新创业理念和行为模式的认识而形成的。在接触创新创业相关的知识和活动后，他们会经历一系列认知过程，包括感知、知觉、记忆、想象、思考和语言等，对所接收的信息进行整理和处理。这样，大学生就能形成对创新创业的基本理解，如创新创业是什么？为什么要创新创业等。这为创新创业价值观的形成提供了必要的知识基础和选择范围，并成为他们进行价值判断的重要依据。

（二）情感体验

价值观的塑造更多地依赖于情感的激发和个体的实践体验。对于大学生而言，情感体验扮演着触发其行动动力，引发他们思考，并塑造其价值观的重要角色。在创新创业过程中，情感体验可能来自对创新创业活动的参与，对成功或失败的直接感受，对创新创业中涌现出的问题的深度思考，对创新创业理想的追求。情感体验在激发大学生的情感共鸣，引发他们的思考，以及激发他们对创新创业的热情和决心方面起到关键作用。情感体验帮助大学生明白创新创业不仅是一种知识或技能，更是一种态度和精神。进一步来说，情感体验通过塑造大学生对创新创业的积极情感反应，有助于他们形成坚定的创新创业价值观。他们在创新创业过程中经历挫折，然后通过自我努力克服困难，实现成功，就会体验到成就感，从而更加坚定他们的创新创业决心。反之，如果他们在创新创业过程中只是被动地接受知识，而没有实际的情感体验，那么他们的创新创业价值观可能就会缺乏深度和坚定性。

（三）意志培养

意志，作为个体决定行动和克服困难的内在力量，是一个人成功实现目标的重要因素。对于大学生来说，培养坚定的意志不仅可以帮助他们在创新创业过程中克服各种挑战，而且能在此过程中形成并强化他们的创新创业价值观。创新创业是充满挑战的过程，可能会遇到各种困难和挫折。意志力的强弱，往往决定了一个人能否坚持下去，能否在困难面前不屈不挠。因此，对大学生来说，意志的培养是至关重要的。这不仅要求他们具备决定和坚持自己目标的能力，也要他们具备在挫折和困难面前坚持下去的毅力。意志的培养不是一蹴而就的，而是需要在创新创业教育实践过程中逐步形成和强化。一方面，大学生可以通过学习和实践，逐步积累创新创业的知识和技能，增强自己的自信心和决心。另一方面，他们需要在实际的创新创业过程中，不断挑战自己，克服困难，以此来锻炼和强化自己的意志力。在这个过程中，大学生的创新创业价值观逐步形成和强化。

（四）信念强化

信念是指个人对于事物或观念的坚定看法和主张，是指导个人行动的精神力量。创新创业活动需要强烈的信念支持，大学生对创新创业的价值认同、对个人能力的自信、对成功的坚定追求，都是构成创新创业信念的重要因素。创新创业是一项充满变数和挑战的活动，面对困难和挫折，如果没有坚定的信念作为支持，很可能会半途而废。然而，拥有坚定的创新创业信念的大学生，会更有勇气和毅力去面对各种困难，坚持到底，从而实现自己的创新创业目标。信念的强化，就是要使大学生对创新创业的重要性、必要性有深刻的理解，真正认同创新创业的价值观，形成创新创业是实现个人价值、服务社会的重要方式的信念。强化信念的过程，需要大学生对创新创业的相关知识进行深入学习，通过各种方式增强创新创业的意识，提升创新创业的信心。例如，通过参加创新创业竞赛，大学生在实践中学习和体验创新创业，看到自己的进步，增强信心；通过听取创新创业成功者的分享，了解他们的经历和心得，从而更加坚定自己的信念。同时，学校和社会为大学生提供更多的创新创业学习和实践的机会，帮助他们增强信念，提高创新创业的能力和信心。

（五）行为外化

行为外化是大学生创新创业价值观生成的最后但同样重要的环节。在这个阶段，大学生的创新创业价值观已经逐渐形成，并且准备通过行动验证和实践价值观。创新创业价值观不仅停留在理论层面，而且要通过实际的行为来实践和展现。行为外化是指大学生将创新创业价值观转化为具体的行动，如参与创新创业项目、进行创新研究、开发新产品或服务等。在这个过程中，大学生通过实践去验证自己的创新创业想法，通过实际的成果去证明自己的价值观。行为外化的过程，有助于大学生将理论知识和实际行动相结合，更深入地理解创新创业的真谛，更好地塑造和锻炼自己的创新创业能力。同时，这个过程也有助于大学生发现和解决在实践中可能遇到的问题和挑战，增强问题解决能力和适应能力，进一步强化创新创业价值观。然而，行为外化并非一蹴而就，需要大学生有足够的勇气尝试，有足够的耐心坚持，有足够的智慧调整和改进。因此，大学生在行为外化的过程中，要有积极的学习态度，愿意从失败中学习，从挑战中成长，持续地提升自己的创新创业能力。

四、当代大学生创新创业价值观生成的主要机制

（一）主体动力机制

在大学生的创新创业价值观生成机制中，主体动力机制占有重要的地位。这种机制强调的是大学生作为主体的自觉和自主，他们不再是被动的接受者，而是主动的探索者和创新者。主体动力机制包括自我教育、价值整合和体认接受等环节。

1. 自我教育

自我教育，被视为创新创业价值观形成过程中的引子，是个体对知识与技能进行自我积累、提升的活动。在这个阶段，大学生以阅读、听讲座、参与讨论等方式深化对创新创业的理解，以及其所带来的各种可能性。为了确保知识的广度和深度，大学生需要不断挖掘、探索、吸纳新知识，构建自身的认知结构。而这一过程并非一蹴而就，而是需要持续的投入和坚持。自我教育的意识使得他们能够自发地探索新知，获取信息，形成自己的认知模式。需要注意的是，自我教育并不仅仅是个体的事情，同样需要积极的学习环境的配合与支持。开放的环境可以为大学生提供广阔的视野，多元的观点，创新的思维方式。

2. 价值整合

在这个阶段，大学生把在学习和实践过程中积累的信息，经过深度思考和理性分析，筛选对自身最具意义的元素，找到与个人理念和目标相符的价值观。不同于简单的知识积累，价值整合更注重信息的筛选和消化，以及对信息的深度理解和应用。价值整合并非一蹴而就，需要大学生持续思考、探索和实践。在这个过程中，大学生要不断修正自己的价值观，以适应变化的环境和条件。因此，价值整合既是一个理性的过程，也是一个动态的过程，需要大学生时刻保持警惕和敏锐，以适应快速变化的世界。

3. 体认接受

在大学生的创新创业价值观的形成过程中，教育者向他们传达社会所推崇的创新创业价值观是至关重要的。然而，这并不意味着大学生被动地接收所传达的价值观。相反，在价值整合心理机制的作用下，大学生可以有选择性地消化、吸收和内外化，这个过程可以概括为"体验—体认—接受"。体验阶段，大学生对创新创业进行情绪反馈和实践思考，从而形成对创新创业的积极或消极的态度。这种态度会形成一定的心理认知模式，对创新创业价值观的形成产生持续影响。积极的体验感受，能够推动大学生对创新创业形成正确的认知，并将这些态度整合到自己的思维模式中，进而促进和加强创新创业信念的塑造。体认阶段是在体验的基础上，对创新创业体验结果进行有选择性的认同。体验更多的是感受，可能是积极的，也可能是消极的。而体认则是更深层次的、包含认同接受的精神活动。体认阶段比体验阶段更为深入。经历了体认过程后，大学生对创新创业活动的内涵、原则和价值才能真正地接受，将创新创业信息转变为自身的创新创业理念和评价标准，最终形成创新创业应有的价值目标，为创新创业行为赋予意义。

（二）文化引领机制

文化引领机制涉及多个层面，它的力量源于文化的影响力和凝聚力。作为一种精神力量和价值向导，文化在创新创业价值观的形成过程中发挥着举足轻重的作用。创新创业文化不仅是一种价值理念，也是一种生活方式，既是一种精神动力，又是一种实践指引。

在这个过程中，政府、社会和高校各有其独特的作用和影响。政府作为社会的主导者和引导者，对创新创业文化的发展方向进行顶层设计，通过政策制定和实施，引导和促进创新创业文化的发展。政府通过提供各种资源和机会，鼓励和支持创新创业活动，形成积极的创新创业环境，对大学生创新创业价值观的生成产生积极影响。社会尤其是新闻媒体的作用不容忽视。它们将政府主导的创新创业文化广泛传播，使创新创业理念深入人心，形成良好的社会舆论环境，为创新创业提供强大的精神支持。同时，社会也通过公共讨论、社会实践等方式，鼓励和引导大学生积极参与创新创业活动，提高他们的创新创业能力和素质。而高校则是创新创业文化的重要阵地，是培养和激发大学生创新创业精神的关键场所。高校可以通过课程教学、科研活动、实践基地等多种方式，传播创新创业理念，培养大学生的创新创业能力，引导他们形成积极的创新创业价值观。高校还可以通过组织各种创新创业活动，为大学生提供实践和锻炼的机会，使他们在实践中体验创新创业的乐趣，进一步强化他们的创新创业价值观。

（三）教育融合机制

这种机制涵盖思想、专业、体育、美育和劳动等教育领域，旨在创建一种全方位、多元化的大型教育平台。具体来说，创新创业教育与思想教育密切结合，以形成一个关于德育的广阔平台。同样，它将与专业教育、体育、美育和劳动教育进行深度融合，分别构建智育、体育、美育和劳动教育大平台。这样的改革需要建立融合的教育机制，让创新创业教育与其他各种教育形式真正实现融合发展。这并不意味着在现有教育体系之上，又增添了额外的教育形式，而是为了使创新创业教育更好地融入整个教育体系中，实现学生全面的、有机的发展。

1. 教师观融合

教师观的融合，意味着每一位教师，无论其所教授的课程如何，都有责任和义务参与创新创业教育。这不仅是因为创新创业的精神和技能可以跨越各种学科和领域，更是因为创新创业的价值观和理念可以渗透到日常教学活动的方方面面。创新创业教育并不仅限于提供具体的创新创业技能和知识，更多的是教育学生端正创新创业态度，形成健全的创新创业价值观。这种价值观的培养不仅需要专门的创新创业课程，更需要全体教师在平时的教学活动中，通过各种方式和手段，向学生传递和示范创新创业的理念和态度，既包括在教学内容上强调创新思维和主动创业的重要性，也包括在教学方法和评价体系上体现创新创业的精神和要求。因此，无论是哲学、历史、文学等人文科学课程，数学、物理、化学等自然科学课程，还是篮球、排球、游泳等体育课程，甚至音乐、绘画、雕塑等艺术课程，以及教授种植、烹饪、修理等实践技能课程，每一位教师都应当把创新创业教育的理念融入自己的教学中，以此共同推动创新创业教育与思想教育、专业教育、体育、美育、劳动教育的融合发展。教师观的融合，可以真正实现全员、全程、全方位的创新创业教育，让每一个大学生在接受教育的过程中，都能感受到创新创业的理念，接触到创新创业的实践，得到创新创业的启发，从而在不断的学习和实践中提升创新创业能力。

2. 课程内容融合

在这一策略下，专业课程不再仅仅聚焦于独立的知识点和技能训练，而是开始向着更为宽广的视野拓展，其中包括创新创业的相关知识和技能。各类专业课程都可以在教学内容和方法上寻找与创新创业相关的切入点。例如，科学和工程类的课程可以增加一些关于最新科技创新成果的讲解和分析，让学生了解到科技进步如何推动产业变革，以及创新型企业如何在这个过程中崭露头角。这样的内容可以帮助学生理解创新在科技发展和社会进步中的关键作用，也可以鼓励他们在专业领域寻求创新。社科类的课程，如经济、管理等，可以引入创业理论，分析成功创业案例，让学生了解创业的各种可能性以及成功创业的关键因素。这样的内容不仅可以提升学生的创业意识，也可以帮助他们在未来的创业过程中避免一些常见的问题。即使一些看似与创新创业关系不大的课程，如文学、艺术等，也可以从创新的角度进行讲解。例如，在艺术创作中独树一帜，或者以艺术品开创新业态的艺术家和企业家，让学生了解创新并不仅仅局限于科技领域，而是可以贯穿生活的方方面面。

3. 强化融合保障

强化融合保障是推进创新创业教育融合的重要一环，而关于保障机制的实施，除了需明确创新创业教育的位置和作用，还需要确立其在全过程中的关键性地位。一方面，为了将创新创业教育纳入教育教学全过程，学校需要结合自身的特色和优势，调整和优化人才培养方案，确保每一位学生都能有机会接触和学习创新创业相关的知识和技能。具体实施中，可以通过引入相关的专业课程、选修课程，或者设立创新创业相关的实践活动，如创新创业大赛、项目孵化等，使创新创业教育真正贯穿于教育教学全过程。另一方面，鼓励教师开设跨学科专业的交叉课程，可以有效拓宽学生的知识视野，提高他们跨领域思考和解决问题的能力，这对于培养创新型人才具有非常重要的作用。例如，可以设置跨学科的创新创业专题课程，让学生在多领域的知识中寻找创新点和创业机会。

此外，构建多层次、立体化的创新创业课程体系，能够让学生根据自身的兴趣和需要，选择不同层次和方向的创新创业学习内容。比如，针对初级阶段的学生，可以提供基础的创新创业理论知识和案例分析；对于已经有一定基础和实践经验的学生，可以提供更深入的创新方法和创业策略的学习。对于培养目标的确定，应重视培养具有创新精神、创业意识和正确创新创业价值观的开创性人才。不仅要让学生理解和掌握创新创业的理论知识，更要培养他们独立思考、勇于实践的能力。只有这样，我们才能真正培养出适应社会发展，能够在各自领域中发挥创新作用的人才。

（四）实践养成机制

实践是大学生创新创业价值观的孕育之地，是理论知识得以实证检验、深化和提升的舞台。"知行合一"在创新创业教育中尤为重要，因为仅有的理论知识，缺乏实践检验，是难以培养真正的创新和创业能力的。

实践性教育，着力于将学生从课堂引导到社会，将学生从学术理论带向现实世界。只有实践，才能使学生在面对现实问题的过程中，锻炼他们的创新思维和解决问题的能力，从而加深对创新创业的理解，进一步树立正确的创新创业价值观。高校应该通过建立丰富多样的创新创业实践平台，如实验室、创新工坊、创业园区等，为大学生提供广阔的实践空间。同时，组织各种形式的创新创业活动，如创新创业大赛、创新创业训练营、创业实习等，使学生在实践中深化理解，真正将创新创业理念内化为自己的行动准则。实践养成机制强调个体在实践过程中的反思和总结，这是大学生生成创新创业价值观的重要环节。实践不仅要求动手操作，更要求动脑思考，通过反思和总结，学生能够从自己的实践经验中提炼出有价值的理念和方法，形成自己的创新创业价值观。

（五）激励引导机制

激励引导机制将创新创业活动与具体的利益奖励联系起来，从而激发大学生创新创业的动力。有效的激励引导机制需要明确规定奖励的标准和方式，使大学生明确地知道在创新创业过程中可以获得什么样的回报。为了实现激励引导，学校和社会需要共同努力。学校可以通过设立奖学金和优秀项目奖等方式，奖励在创新创业中有出色表现的学生。社会可以通过提供资金支持、实习机会、创业导师等方式，鼓励大学生进行创新创业活动。这种奖励不仅能增强大学生创新创业的积极性，还可以为他们提供实际的资源支持，提高创新创业的成功率。激励引导机制要具备公平性和公正性，确保每一个付出努力的大学生都有机会获得回报。

五、当代大学生创新创业价值观的培育对策

（一）构建社会、学校、家庭、个人四位一体的培育场域

1. 营造以创新创业为风尚的社会环境

社会环境，包括公众意识形态、媒体报道、社会活动、政策支持等，共同构成了价值观的土壤。

营造以创新创业为风尚的社会环境，需要各方面共同努力。政府要出台鼓励创新创业的政策，提供创新创业的资源和服务，为大学生的创新创业活动提供支持。媒体要大力宣传创新创业的重要性，报道创新创业的成功案例，激发大众对创新创业的热情。社会公众要对创新创业持开放和尊重的态度，给予创新创业者充分的理解和支持。社会应该提供丰富多样的创新创业活动机会，如创新创业比赛、论坛、工作坊等，让大学生有机会亲身参与到创新创业的过程中，实践自己的想法，提高自己的能力。参与性的体验，能够让大学生更深入地理解创新创业，更深刻地感受创新创业的价值，从而内化为他们的价值观。营造以创新创业为风尚的社会环境，是培育大学生创新创业价值观的重要策略。这种环境不仅可以为大学生提供丰富的创新创业资源和机会，也可以激发他们的创新创业热情，帮助他们构建积极的创新创业价值观。

2. 创建弘扬创新创业价值导向的学校教育环境

在构建弘扬创新创业价值导向的学校教育环境方面，高等教育机构应发挥自身的独特优势。新时代大学生创新创业价值观培育是高校创新

创业教育的重要组成部分，要想取得实质性的效果，有赖于高校树立科学的创新创业教育理念，坚持以人的发展为根本价值追求，弘扬人的主体性、能动性和开创性，实现创新创业教育由"工具导向"向"价值导向"转变、由"边缘地位"向"战略地位"转变。

（1）创新创业教育由"工具导向"向"价值导向"转变。我国的创新创业教育设定了明确的目标，主要集中在激发学生的创新思维，培养其创新精神和创业能力。然而，在教育实践中，这些目标并未真正被广大高校外化为常规行动，相反，出现了一些带有功利倾向的行为。例如，有些高校将创新创业教育的目标设定为将学生塑造成"企业家"的教育，还有的期望学生在接受创新创业教育后去创立公司、成为企业主，以此减轻就业压力。然而，我们必须明确地意识到，虽然创业确实具有其内在的"财富创造"目的，但是鼓励学生从事创新创业并不仅仅是让他们去成为企业主，去创造财富。创新创业教育的真正起点和目标应更加倾向于"人的发展"，而非"追逐财富"。创新创业教育虽然要实现缓解就业压力、提高创业率、产出经济财富等目标，但和其他教育内容一样，创新创业教育的根本目标应回归人的全面发展，在知识与能力增进的同时，更要关注人的精神发展。作为一种进步的教育观念，创新创业教育带有颠覆性的特点，在本质上要求高校在人才培养的模式和内容上进行转变，即从培养具有专业能力的就业人才向培养具有知识能力的创业人才转变，从以教授知识、技能为主的工具导向向以培养社会责任感、创新精神与创业能力为主的价值导向转变。

（2）创新创业教育由"边缘地位"向"战略地位"转变。创新创业教育在很多学校的边缘地位是与专业学科教育的主导地位相对而言的，这种情况主要反映在以下两个方面：首先，受教育人群。有些学校仅为一部分学生提供创新创业教育，将其精英化，这与教育部对创新创业教育应"面向所有人"的要求明显相悖。其次，教育体系。许多学校未能将创新创业教育纳入人才培养体系和课程体系，贯穿在高等教育的全过程中，从而在制度层面很难构建完整的创新创业教育体系。创新创业教育在"实施创新驱动发展战略、提高经济质量和效益、推进高等教育综合改革、促进高校毕业生高质量就业和创业"方面都起着至关重要的作用，高等教育机构必须充分认识到创新创业教育对我国经济社会发展的重大影响，将创新创业教育提升到学校发展战略的高度，进行深度改革，真正提升学生的创新能力、创业能力和社会责任感，改变创新创业教育仅由某些部门负责、浮在人才培养之外的边缘化现状，真正实现创新创业教育从"边缘地位"向"战略地位"的转变。

3.涵养利于创新创业的家庭环境

在构建利于创新创业的家庭环境过程中，父母的态度和行为将起到至关重要的作用。父母的价值观、教育理念、生活习惯等方面对孩子产生深远影响，往往塑造了孩子对世界的基本认识，影响他们的行为模式。

家庭是孩子形成创新创业价值观的重要基地。为了培养孩子的创新精神和创业能力，父母首先应该尊重孩子的独立人格，鼓励他们有自己的见解和想法，培养他们独立思考和解决问题的能力。这对于孩子形成独立自主、敢于探索的创新精神具有至关重要的作用。父母应该给孩子提供积极开放的家庭环境，支持孩子的创新创业活动，鼓励他们尝试新事物，培养他们敢于冒险、不怕失败的勇气。父母应该对孩子的创新创业实践给予充分的理解和支持，为他们提供必要的物质和情感支持。父母可以通过积极引导，为孩子提供更多接触创新创业的机会，比如参加创新创业比赛，参观创新创业企业，阅读创新创业相关的书籍等。实际的接触和体验，可以帮助孩子深入理解创新创业，激发他们的创新创业兴趣和热情。父母也要树立正确的创新创业价值观，弘扬创新精神，提升创业理想。

4.激发个体创新创业价值观培育的主体自觉

每个大学生都是个体，都有其独特的人格特征和社会经历，行为、情绪和认知会深深影响他们的价值观和创新创业精神。大学生对自身进行深入的理解和反思，找出自己的优点和不足，理解自己的动机和目标，从而产生自觉的行动。大学生需要自我教育，以提高其独立思考和批判性思维能力，包括阅读创新创业文献，参加各种相关研讨会和活动，向他人学习，积累经验，从而形成全面而深入的创新创业知识和理解。在理论学习的基础上，他们需要把知识应用到实践中，通过实际操作来检验和完善创新创业价值观。同时，他们还需要有意识地参与各种创新创业活动，例如创业竞赛、实验室研究、企业实习等，通过这些活动，大学生可以获得真实的创新创业经验，进一步强化和丰富他们的创新创业价值观。大学生要建立积极的心理品质和良好的行为习惯，如坚持不懈、敢于冒险、勇于承担责任、敬业乐业等。这些都是创新创业成功的重要素质。通过自我调节和自我激励，大学生可以逐步形成稳定的创新创业价值观，从而在创新创业的道路上走得更远。

（二）建设通识型、融合型、精英型三层分类的培育课程

1. 面向全体学生的通识型创新创业价值观培育课程

面向全体学生的通识型创新创业价值观培育课程的主要目标是培养学生的创新精神和创业意识。这不仅要在课程设计中融入创新创业元素，同时也要在课程实施中不断强调创新创业的重要性，使学生能够深入理解并积极接受创新创业的理念。通识型课程的设计应注重跨学科的整合，注重知识的广度和实践的密切结合。在这种课程中，不仅需要教授相关的知识，还要提供实际的创新创业案例，让学生能够亲身体验创新创业的过程。这样不仅可以提高学生的创新创业能力，也能增加他们对创新创业的热情。在课程实施过程中，引导学生积极参与，鼓励他们主动思考和提出问题，培养他们的独立思考和批判性思维能力。同时，也要培养学生发挥团队协作的精神，通过合作完成项目，提高他们的团队合作和领导能力。创新创业的过程往往充满了挑战和困难，因此，需要在课程中加强对失败的包容和对挑战的鼓励，让学生明白失败只是成功的前奏，只有不怕失败，才能真正体验到创新创业的乐趣。还需要关注学生的情感教育，培养他们的责任感和使命感。

2. 与专业相结合的融合型创新创业价值观培育课程

融合型创新创业价值观培育课程的构建，要求在充分尊重学生的专业特性和兴趣爱好的基础上，寻找创新创业和学科专业之间的联系，进而实现创新创业价值观对学科专业的价值引领。这样的课程不仅能够拓宽学生的视野，激发他们的创新思维，同时也能够帮助他们深入地理解和掌握专业知识，从而在实践中更好地创新创业。

融合型创新创业价值观培育课程的设计，需要充分挖掘学科专业的特性，寻找与创新创业相关的元素，将其融入课程中。比如，在计算机专业的课程中，讲解一些成功的科技创新案例，如互联网公司的发展历程，以此激发学生的创新思维和创业激情。在艺术类专业的课程中，可以引导学生思考如何将艺术和商业相结合，创造有价值的艺术作品。在课程实施过程中，需要鼓励学生积极参与，主动探索学科专业和创新创业之间的联系。我们也可以组织一些创新创业比赛，让学生在实践中体验创新创业的过程，培养他们的创新能力和创业精神。通过这些活动，帮助学生树立创新创业的自信，提高他们解决问题的能力，增强他们面对困难和挑战的勇气。此外，要注重培养学生的道德品质和社会责任感。

3. 指向创业实践的精英型创新创业价值观培育课程

如果说通识型和融合型创新创业价值观培育课程是为了实现全体学生的创新创业启蒙和意识唤醒。那么，精英型课程设定的核心目标在于，强化学生的创新创业意志，树立他们面对困难和失败时的坚韧勇气和自信心，同时坚守创新创业的价值追求，在实践创业过程中把这种价值追求落实到实际行动中，做到所知所行一致。

为实现这些目标，精英型创新创业价值观培育课程要采取一系列具体措施。选修课是其中的一种形式，比如，开设企业案例研究、创业计划书编写、创新思维训练等专题课程，使学生深入了解创新创业的实际操作和相关知识。"创业先锋班"和"精英班"也是精英型课程的重要实施方式。在这类班级中,教育者把有强烈创新创业意向的学生聚集在一起,通过定制化的课程和活动,比如创业沙龙、项目实战、创业导师指导等,增强他们的创新创业意识和技能。同时,教育者也会创设充足的实践机会,让学生在实际的创业环境中,亲身体验创新创业的全过程,面对实际的困难和挑战,不断锤炼和提升自己的创新创业能力。精英型课程的设计和实施,要密切注意和回应学生的需求和反馈,不断调整和优化教学内容和方法。

(三)强化组织领导、教师培养、评估激励三体联动的培育保障

1. 加强对大学生创新创业价值观培育的组织领导

创新创业教育的组织领导关键在于构建系统、协调、稳定和高效的管理架构,推动创新创业价值观的普及和实践。

一是建立高效的领导机制。创新创业教育的领导机制要保证策略制定的科学性和执行的连贯性。这意味着领导层不仅要提供清晰、全面的创新创业教育规划,还要确保这些规划的有效实施。实际上,这种领导机制可以包括但不限于设置专门的创新创业教育委员会,或者在现有的教学管理体系中设立创新创业教育的专职部门。

二是构建多元化的合作网络。创新创业教育的实施需要各方面的资源和支持,包括内部各学院和部门,外部的企业和社会组织,甚至国际合作伙伴。这种合作网络不仅可以提供丰富的教学资源,也可以为学生提供实践的机会和平台。

三是确保教育资源的合理分配。组织领导需要合理分配教育资源,不仅包括财政资金、物质设施等硬件资源,也包括师资力量、教学时间等软性资源。此外,资源分配的公平性和透明性也是不可忽视的重要方面。

四是激发社区参与的热情。创新创业不仅是学生的事,也是全社会

的事。通过举办各类活动，比如创新创业大赛、讲座、论坛等，可以使更多的人了解创新创业，认同创新创业，参与创新创业的教育和实践。

2. 促进创新创业教育教师观念转变与能力提升

创新创业教育不仅仅是一种技能训练，更是一种价值观的培育。教师需要把握创新创业教育的核心精神，以学生为中心，充分尊重学生的个性和兴趣，注重培养学生的创新意识、批判性思维和解决问题的能力。传统的教学模式往往强调教师的主导地位和知识的传递，但在创新创业教育中，教师应更多地发挥引导者和助手的角色，引导学生主动探索和学习。此外，教师要掌握并运用各种创新的教学方法，比如项目制学习、案例分析、团队合作、角色扮演等。在能力提升方面，教师需要具备一定的创新创业知识和实践经验。这不仅可以增强教师的教学信心和说服力，也可以使教师更好地理解和应对学生在创新创业过程中可能遇到的问题。教师还要具备良好的沟通能力和人际关系处理能力。在创新创业教育中，教师不仅需要与学生进行有效的沟通，还需要与其他教师、企业家、社会组织等建立良好的关系，以获取和分享创新创业的信息和资源。

3. 建立大学生创新创业价值观培育评估激励机制

建立大学生创新创业价值观培育评估激励机制，是营造创新创业教育氛围、推动大学生创新创业教育成果的重要手段。这种评估激励机制的建立，应围绕以下几个关键要素进行。

目标明确。评估激励机制的目标应与大学生创新创业价值观培育的目标相一致，即提升学生的创新意识、创业能力和创新创业价值观。同时，评估目标也应具有可度量性，以方便评估结果的产生和反馈。

过程透明。评估激励机制应确保所有参与者都能明白评估的标准和过程，以避免不公平和误解的产生。对于表现优秀的学生，评估结果应公开公正地给予奖励和认可，以鼓励他们的创新创业行为。

反馈及时。评估结果应尽快反馈给学生，让他们了解自己在创新创业教育中的表现和进步，以便及时调整学习策略和行为。同时，反馈也应具有建设性，指出学生的不足，并给出改进的建议和帮助。

激励多元。评估激励机制应考虑学生的多元化需求和差异化特点，提供多种形式的激励方式，如荣誉认证、学分加权、奖学金、实践机会等。激励不仅应关注学生的创新创业成果，也应注重他们的努力和进步，以充分调动他们的积极性和主动性。

持续改进。评估激励机制不应一成不变，而应根据创新创业教育的实际情况和学生的反馈情况，不断进行调整和改进。这要求教育管理者有敏锐的洞察力和创新思维，以保持评估激励机制的活力和效果。

第二节　大学生创新创业精神与能力结构分析

一、大学生创新创业精神要素分析

大学生创新创业精神要素主要包括六个方面，如图 3-2 所示。

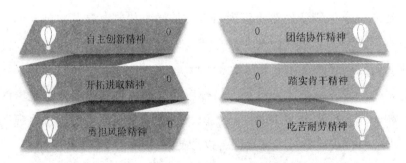

图 3-2　大学生创新创业精神要素

（一）自主创新精神

自主创新精神是大学生创新创业精神的核心要素，包含独立思考、创新思维、敢于挑战、主动探索等多个层面。

独立思考是自主创新精神的基石，它的重要性在于赋予大学生自由独立的人格，以及独特而富有生命力的创新活动。有助于大学生独立思考，形成自己的世界观，使得他们对世界的认知不再局限于书本或者他人的描述，而是基于个人经验和感知，理性和情感的深度融合，形成对世界的多元和深度理解。这使得他们在观察问题和解决问题时，能够有自己独特的视角和方法，能够看到别人看不到的细节，能够想到别人想不到的解决方案。独立思考也有助于大学生形成自己的价值观，使得他们对待生活和工作，不再是简单地追求物质利益和社会地位，而是追求个人价值的实现和社会价值的创造。这使得他们在创新创业过程中，能够坚守自己的信念，不为困难所动，不惧怕失败，从而有力地推动了创新创业活动的深度和广度。独立思考还有助于大学生形成自己的人生观，使得他们对待人生，不再是简单地追求成功和幸福，而是追求个人成长和社会进步。这使得他们在创新创业过程中，能够坚持自我，敢于挑战，勇于创新，从而有效地推动了创新创业活动的品质和效率。

创新思维是自主创新精神的驱动力，如同推动创新创业前进的强大引擎，激发大学生突破传统的思考方式，主动追寻新的观念与路径，寻求更为优质的解决方案。创新思维并非一味地否定传统，而是在吸取传统智慧的基础上，以更为积极主动的态度寻求突破与革新。在创新思维中，大胆的想象与严谨的逻辑是并行不悖的。大胆的想象能让大学生挖掘自我，将心中的创新火花迸发出来，而严谨的逻辑则能让这些火花在现实的世界中生根发芽。在此过程中，理性的分析和情感的洞察相互辅助，理性分析帮助他们深入理解问题的本质，而情感的洞察则能帮助他们更好地理解用户需求，从而设计出更为人性化的解决方案。

敢于挑战代表无畏的勇气和决心。在创新创业的道路上，大学生们必然会遭遇各种各样的挑战和困难，如独特的市场竞争、技术的瓶颈、管理上的难题、自我能力的局限性等。有了敢于挑战的精神，大学生能够接受并积极应对挑战，尽管前方的道路可能会充满艰辛和困苦。敢于挑战并不意味着盲目冲动。挑战需要勇气，但更需要理性和智慧。大学生要明确自身的定位，理解自身的能力和局限，明晰自己的目标，然后结合实际情况制订切实可行的计划，这样才能够有效地面对和应对各种挑战。

主动探索代表着对未知的好奇，对新知识的追求，以及对成功的渴望。主动探索有助于大学生们积极地向前推进，不断试图发现新的知识，掌握新的技能，解决新出现的问题，以求寻找到属于自己的创新之路。主动探索意味着大学生在面对新的知识或技术时应拿出主动寻找，去试验，去理解的态度，摆脱被动接受的状态。主动探索还需要大学生们有一种不断试错的勇气，不怕失败，不怕困难，每一次的尝试，无论成功与否，都是一次学习和成长。

以上四个层面相互关联，相互作用，共同构成了自主创新精神。这种精神是大学生创新创业成功的关键，也是他们的人生获得成功的重要保证。

（二）开拓进取精神

开拓进取精神包括对新知识、新观念的积极接受，对新的挑战和机遇的追求，对自我提升和自我超越的坚定决心。

在当今快速发展的知识经济时代，对新知识、新观念的积极接受成为开拓进取精神的重要体现。这一精神要求个体保持对知识的渴望和好奇，并具备快速适应和融合新观念的能力，这在科技、文化、经济等领域尤为重要。在全球化和信息化时代背景下，知识更新的速度日益加快，新理论、新技术层出不穷，个体若要保持竞争力和创新能力，就必须不断学习和吸收新知识，这意味着要通过教育和培训提高自我，更意味着在实践中主动探索和尝试，将新知识转化为解决问题的新方法。例如，对于个人而言，持续的学习和吸收新知识，既能增强其专业能力，还能拓宽视野，促进思维的创新和突破，因此开拓进取的个体和组织必须建立起一种积极主动学习的文化和机制，不断追求知识的更新和完善。而对新观念的接受和融合则是开拓进取精神的进一步体现，在全球化深入发展的今天，不同文化和价值观的交流日益频繁，新观念不断涌现，开拓进取的个体或组织需要有能力理解和吸纳这些新观念，并将其融入到自身的思维和行动中，这意味着要具备跨文化交流的能力，理解不同文化背景下的观念差异，能够在多样性中寻找共同点，创造新的思维和行为模式。例如，对于个人来说，接受新观念可以促进其思想的多元化，有助于在多样化的社会环境中更好地适应和发展。

走出舒适区的决心，对新的挑战和机遇的追求，均是开拓进取精神的体现。只有勇于挑战，才能在新的学术领域或实践领域取得突破，才能在技术创新或管理创新上取得突破。无论是学习的挑战、技术的挑战还是管理的挑战，都是大学生在创新创业过程中的必然经历。每一次的挑战都可能带来失败，但是，只有经历了失败，才能更加深入地理解问题，才能更加明晰地看清楚自己的目标，才能更有力地凝聚团队，才更有可能实现创新创业的成功。寻找和把握机遇，是大学生创新创业过程中的重要环节。面对日新月异的世界，他们要用开阔的视野和敏锐的洞察力，发现那些被别人忽视的机遇，抓住即将出现的机遇。在寻找机遇的过程中，他们要具备深厚的专业知识和跨学科的综合素质，同时还要具备良好的沟通能力和团队协作能力，以及灵活的应变能力和坚韧的毅力。只有这样，他们才能在瞬息万变的市场中找到自己的位置，并且在激烈的竞争中占据优势。

坚定的自我提升和自我超越意识，构成了开拓进取精神的内核。这种自我驱动的力量，使得大学生能够清晰地认识自己的长处与不足，有效地设置和调整个人的成长目标，以达到更高的学术水平和个人素质。

自我提升是一项持久的任务，在学术领域，大学生要深化专业知识，扩大知识视野；在实践领域，他们需要磨炼技能，增强解决问题的能力；在精神领域，他们需要修炼道德品质，提升社会责任感。自我超越则是一种挑战精神，在创新创业过程中，大学生要超越自我，突破限制，以达到更高的创新水平和更大的创业成就；要拥有强大的内心，能够在面对挫折和困难时保持乐观和决心；要具备不屈不挠的精神，能够在失败后重新站起来，再次迎接挑战。

（三）勇担风险精神

勇担风险的精神包括敢于尝试、敢于冒险、敢于失败的坚韧态度和坚定决心。无论是在创新的过程中提出独特的思想，还是在创业的过程中实施计划，都需要勇于承担风险的精神。

敢于尝试是勇担风险精神的重要体现。对新知识、新技术、新领域，敢于尝试表现为一种探索的欲望，这种欲望源于对未知世界的好奇心和对新事物的渴望。敢于尝试还体现在大学生的决心和行动力，他们不仅对新知识有渴望，更有决心将这种渴望付诸行动。他们勇于迈出舒适区，投入实践，接受可能的困难和挑战。他们懂得，只有在实践中尝试，才能从经验中学习，才能从失败中成长。另外，敢于尝试的精神是大学生创新创业活动的动力源泉。他们通过尝试发现新的问题，提出新的思想，实现新的突破。敢于尝试的精神，帮助他们不断刷新自我，实现价值，推动他们在创新创业的道路上不断前行。

敢于冒险是勇担风险精神的核心。首先，敢于冒险的精神表现为大学生对未知结果的接受。愿意面对结果的不确定性，接受可能的失败和挫折。每一次的冒险都是一次学习和成长的机会，都是向目标前进的一种方式。在面对挫折时不会选择退缩，而是会拿出勇气和决心去面对，想尽办法去解决。其次，敢于冒险的精神表现为大学生对风险的理性认知和管理。冒险并不等于鲁莽，而需要有明确的目标、科学的方法以及完善的计划。他们会分析和评估每一种风险，并制定应对策略，适时调整行动。对风险的理性处理，使他们能够更有效地把握和利用风险，更好地实现创新创业的目标。最后，敢于冒险的精神表现为大学生的创新和变革。通过冒险尝试新的思想，他们开发新的产品，探索新的市场。冒险精神，使他们能够推动创新和变革，引领潮流和趋势，也为社会和经济的发展提供了源源不断的创新动力。

敢于失败是勇担风险精神的基础。对待失败的心态决定了大学生的行动。失败为智慧的源泉，是他们在创新创业过程中前行的垫脚石，是他们锻炼和提升自我能力的重要途径。因此，反思失败，积极地从失败中总结经验，然后从失败中站起来，用更加坚定的步伐和更加充满智慧的行动继续前进。把失败看作通往成功的必经之路，将失败的经历转化为动力，不断调整和优化他们的创新创业路径。

（四）团结协作精神

在当今复杂多变的社会环境中，一个人的力量是有限的，需要懂得与他人有效合作，分享资源，分享知识，分享经验，以达成共同的目标。在团队中，每个人都是重要的一环，每个人都可以提供独特的观点和创新的想法，共同推动团队向前发展。

团结协作精神的核心在于尊重和理解。尊重是建立在认识到每个人都有自己的长处和短处，自己的知识和经验，自己的观点和想法之上的，尊重他人就是尊重他们的贡献、差异以及个性。理解则是尊重的延伸，理解他人的观点、想法以及感受。理解能够建立信任和互助，促进沟通和协调。

团结协作精神也体现在公平和公正上。在团队中，每个人的贡献都应该得到公平的评价和回报，公平和公正能够激发团队成员的积极性和主动性，增强团队的凝聚力和战斗力；公平和公正能有效预防内部矛盾和冲突的发生，从而维护团队的和谐与稳定。团结协作精神是建立在互助和共享基础之上的。互助是团队成员之间相互支持，相互帮助，共同解决问题；共享则是团队成员之间共享资源，共享知识，共享经验，共享成功。互助和共享能够提升团队的办事效率和效果，也能增强团队的幸福感和满足感。

（五）踏实肯干精神

踏实肯干才能够扎实工作，克服困难，实现目标。在创新创业的过程中，踏实的态度表现在他们对知识的尊重上，投入时间和精力深入学习和研究问题，而不是急功近利，图一时之快。只有扎实的知识和技能，才能支持大学生的创新创业活动，使他们在激烈的竞争中立于不败之地。

对工作时的敬业态度是踏实肯干的体现，对工作有一种敬畏之心，认为工作是一种责任和使命，愿意为工作付出努力和汗水。只有通过辛勤的工作，才能够实现他们的创新创业目标。在对结果的追求上，踏实肯干关注实效，而不是形式；追求实际的创新成果，而不是空洞的创新理论。

（六）吃苦耐劳精神

在创新创业过程中，大学生会面临一系列的挑战和困难。有足够的耐心和毅力，不怕困难，不畏艰辛，坚持到底，才能找到解决问题的方法。

创新创业需要大学生不断学习新知识，掌握新技术，提升自身能力。这就要求大学生应当具备坚韧不拔的精神，进行漫长而艰难的学习，以获得所需的知识和技能。创新创业过程中的失败和挫折是常见的，要有能力面对和接受这些困难，以更加坚韧的态度应对挑战，总结经验教训，不断尝试，不断改进，直至成功。为了实现创新创业的目标，牺牲自己的休息时间，甚至牺牲自己的一些个人利益，这是对目标的坚定执着和对工作的全身心投入的体现。

二、大学生创新创业能力结构的构成

（一）大学生创新创业能力结构中的一般要素

1.社会交往能力

社会交往能力包括理解和尊重他人观点的能力，清晰有力地表达自己观点的能力，解决人际冲突的能力，以及在各种情况下保持良好的人际关系的能力。

（1）理解和尊重他人观点的能力。每位大学生都拥有独特的经历和思维方式，不同的视角常常能启发新的创新点。在团队协作中，理解每个成员的观点，让每个人都感到被重视，能够增强团队凝聚力，使得创业过程更为顺利。每个人对创新创业项目的理解都有所不同，但这并不代表他们的看法就是错误的。尊重他人的观点，意味着要客观地看待这些不同的观点，尝试从中找到有价值的内容，或者通过平和的讨论达成共识。尊重和理解他人不仅可以增强团队成员的归属感，而且也能鼓励他们积极分享自己的想法，共同为创新创业项目的成功做出贡献。同时，尊重和理解他人也体现在对外部合作伙伴、投资者和顾客的态度上。了解和尊重和理解他们的需求和期待，能够帮助大学生建立良好的商业关系，获取更多的支持和资源，推动创新创业项目的发展。

（2）清晰有力地表达自己观点的能力。在商业环境中，言之有物、条理清晰的表达往往更容易获得他人的认可和支持。这是因为，这种表达方式能够更有效地传达信息，减少误解，增强说服力。当大学生能够清晰有力地表达自己的观点时，他们可以更好地与投资者、合作伙伴、员工和顾客进行交流，建立良好的关系，推动创新创业项目的发展。同样，在团队内部，清晰有力的表达也十分重要。大学生需要将自己的想法和建议清晰地传达给其他团队成员，以便团队能够就此进行有效的讨论和决策。当团队成员能够理解并接受大学生的观点时，团队的决策过程将会更加顺畅，做事效率也将得到提升。

（3）解决人际冲突的能力。在创新创业的过程中，人际冲突常常是无法避免的问题，这源于团队成员间的利益冲突、观点差异或者工作风格不同等。因此，解决人际冲突的能力就成为大学生进行创新创业活动的重要能力。首先大学生要有宽阔的胸怀和理解力，能够理解和尊重每个人的观点和做事方式。其次，大学生要具备良好的沟通技巧，能够有效地表达自己的观点，也能够倾听和理解他人的观点。再次，大学生要具备公正和公平的态度，不偏袒任何一方，保证决策的公正性。最后，大学生要有一定的心理素质和应对压力的能力，能够在面对冲突和困难时保持冷静和理智，及时妥善处理，避免冲突的升级。有效地解决人际冲突，不仅可以维持团队的稳定与和谐，提高团队的凝聚力，还可以避免冲突对项目进程产生负面影响，确保创新创业项目的顺利进行。

（4）保持良好人际关系的能力。保持良好人际关系的能力，对于开拓更广阔的创新创业空间具有重要作用。保持良好的人际关系，旨在建立稳定、互信的关系网，帮助大学生获取更多的信息资源，拓宽视野，发现新的机会。良好的人际关系也可以为他们提供更多的实际支持，例如投资资源、合作伙伴、行业专家建议等，为创新创业提供更实质的帮助。此外，良好的人际关系还能帮助大学生更好地了解社会的各个方面，例如市场动态、用户需求、技术发展等，从而使他们在创新创业中能更好地把握市场趋势，制定符合市场需求的创新创业策略。

2. 组织领导能力

组织领导能力包括一系列的子能力，包括但不限于设定和执行战略、动员和指导团队、解决问题和决策、管理变革和创新等能力。

设定和执行战略的能力。大学生要对市场、技术、社会等外部环境有深刻理解；利用自己的知识和洞察力，预测和分析未来的趋势和变化，以确定创新创业项目的目标和方向。他们应当明白什么样的产品或服务能够满足市场的需求，什么样的技术或模式能够支持产品或服务的提供。

大学生还需要制订有效的战略计划，确定如何利用有限的资源（如时间、资金、人力等），来实现创新创业项目的目标；考虑如何配置和调整资源，以适应外部环境的变化；制订详细的行动计划，确定每一步的目标和任务，以保证战略计划的落实。大学生需要通过有效的执行机制来实施战略，建立一个能够反馈和学习的系统，以监控战略执行的过程，及时发现和解决问题。

动员和指导团队的能力。大学生要具备良好的沟通和协调能力，要能够有效地表达自己的想法和期望，使团队成员明了目标和任务；能够理解和尊重团队成员的观点和需求，以增强团队的凝聚力和稳定性；设定合理的奖惩制度，让团队成员感到自己的努力和贡献能得到公正的回报；表扬和推崇那些表现出色的团队成员，以提升团队的士气和自信；指导和帮助那些遇到困难的团队成员，以保证团队做事的效率和质量；能够灵活地调整团队的结构和方式，以适应外部环境的变化。他们需要能够主动推动团队的创新和改革，以提升团队的竞争力和生存力。他们需要有勇气和决心，能够带领团队面对挑战和压力，保持向前的步伐。

解决问题和决策的能力。这要求大学生对问题要有全面且深入的认识，能够快速找出问题的关键，甚至能够预见可能出现的问题和困难。这种能力依赖于他们对专业知识的掌握，对实际情况的理解，以及对逻辑和方法的运用。决策的勇气和智慧，面对问题时，他们要敢于担当，敢于做出决定，同时这种决定要是基于对问题的深入理解和周密考虑的。每个决策都可能带来一定的结果和影响，大学生要具备选择最优方案的能力；具备执行决策的决心和能力，决策并不是终点，而是行动的开始，他们要把决策转化为具体的行动，落实到每个具体的步骤中，以解决实际问题；要对决策的结果进行跟踪和反馈，如果发现问题，能够及时调整决策，以适应变化。

管理变革和创新的能力。这要求大学生要有开放的视野和思维，对新的观念、新的技术和新的方法持接纳和尊重的态度。变革和创新是驱动社会进步的重要力量，是推动创新创业成功的关键因素；预见和洞察变革的趋势和机遇，为团队和组织设定清晰的变革目标和路径，有效地引导团队和组织适应和利用变革；能够管理变革过程中可能出现的问题和冲突，确保变革的顺利进行；能够鼓励和激发团队和组织的创新精神和创新行为，为创新提供必要的支持和条件。

3. 分析决策能力

在创业过程中，大学生需要面对复杂的问题和决策，借助扎实的分析决策能力去制定有效的策略和行动方案。他们应当有足够的知识和理解能力，能够准确地识别和理解面临的问题，从中提炼出关键的信息和需求。在理解问题的基础上，能够准确地定义问题，明确问题的性质、规模、影响和相关的约束条件，能够从各种来源收集相关的信息，包括书籍、网络、专家、实验等。在收集信息的基础上，有足够的分析能力，能够从中发现模式和关联，形成对问题和情况的深入理解；能够根据对问题和情况的理解，制定出可行的解决方案。在制定解决方案的基础上，他们要有足够的评估能力，能够预测各种解决方案的效果和影响，以便选择最优的解决方案。在执行和反馈方面，要能够有效地执行所选的解决方案，监控执行过程和效果，及时发现和解决问题并对执行效果进行反馈和评价，以便及时调整和改进决策。

4. 抗挫能力

创业之路充满了未知和挑战，面对困难、失败和挫折是在所难免的。抗挫能力，即面对挫折的逆境时仍能保持坚韧不拔、继续前行的能力，这对于每一个创业者来说都是极其重要的。面对困难，能保持清晰理智，以理性和冷静的态度对待问题，是抗挫能力的体现。这需要大学生具备高度的自我管理和情绪调控能力。当遭遇挫折，他们不会被情绪左右，而是能冷静分析问题，以最有效的方式去解决它。失败是每一个创业者都必须面对的。在失败面前，抗挫能力表现为能接受失败，从失败中吸取教训，并将这些教训转化为以后成功的垫脚石。这需要大学生有充分的自我反思和自我学习的能力，能看清自身的不足，持续改进和成长。面对挫折，抗挫能力还表现为能够坚守自我，保持对目标的坚定信念和执着追求。即使面临困难，也不会轻易放弃或改变初衷。这需要大学生有足够的自信和决心，相信自己的能力，相信自己能够实现设定的目标。

（二）大学生创新创业能力结构中的特殊要素

1.专业技术能力

专业技术能力是大学生将理论知识转化为实践应用，创造价值的基础工具，涵盖了深入掌握和运用专业知识，应对复杂问题，进行创新设计，解决实际问题的各种技能。创新创业项目多种多样，不论是科技项目、社会企业，还是文化创意项目，都需要专业技术能力的支撑，如科技项目需要大学生具备科技研发能力，社会企业需要大学生具备社会问题解决能力，文化创意项目需要大学生具备艺术设计能力。另外，专业技术能力也能帮助大学生更好地理解和把握市场动态和行业趋势，预见技术发展和市场变化，从而使他们的创新创业项目能够适应市场和社会的变化，最终实现持续发展。但是，专业技术能力并不是一成不变的，而是需要随着技术的进步、市场的变化而持续学习、持续提升的，因此，他们应当具备开放的学习态度、勤奋的学习精神和高效的学习方法。

2.经营管理能力

经营管理能力包括规划、组织、领导和控制等多个方面，涉及市场分析、商业模式设计、资源整合、团队建设、项目执行、风险控制等多个环节。

市场分析涵盖对外部环境的研究，如政策法规、社会经济状况等，对行业的研究，如行业规模、行业结构、行业动态等，对竞争对手的研究，如对手的战略、产品、市场份额等，以及对目标消费者的研究，如消费者的需求、消费习惯、消费决策等。深入研究市场，能够了解更多的市场状况以及产品或服务的市场空间，从而摸索出创新创业的方向。

对市场的深入理解，能够帮助大学生找到产品或服务的核心竞争力，使其在竞争激烈的市场环境中脱颖而出。

商业模式设计是一个系统性的过程，涉及价值提供、价值交付、价值获取等多个环节。在这个过程中，大学生要具备创新思维，有能力设计出独特且高效的商业模式；通过对市场的深入研究，了解消费者的需求，挖掘产品或服务的价值，这种价值可能来源于产品或服务的独特性、便利性、性价比等多个方面；设计有效的价值交付方式，包括产品或服务的生产、销售、分发等多个环节；找出高效、低成本的价值交付方式，以提高产品或服务的竞争力；确定价值获取方式，即如何从提供的价值中获取收益，例如产品或服务的定价、销售模式、付费方式等。

资源整合是经营管理的关键，不仅涉及内部资源的有效配置，还包括外部资源的有效利用。资源整合能力意味着大学生能够识别、评估、获取和管理各种资源，为创新创业项目提供所需的各种条件和支持。在内部资源配置方面，大学生要合理安排资金、人力和物力，确保创业项目在不同阶段都能得到充足的支持；有能力评估各种资源的价值，优化资源配置，实现资源效益的最大化。在外部资源利用方面，大学生要有能力寻找和利用各种外部资源，如合作伙伴、技术、信息等；建立广泛的资源网络，与各种组织和个人建立合作关系，以获取更多的外部资源和支持。

团队建设是创新创业的动力，它的成功与否直接关系创业的效果。大学生在此过程中扮演的是策划者和领导者的角色，他们要具备选才用才的眼光，以及领导和激励团队的能力。在挑选团队成员时，他们要有识人之明，能够挑选出具有不同技能和背景，但又能共享同一目标的成员。多样性将有助于产生创新的想法，而共享的目标则能保证团队的协调性。

项目执行是将创新创业的理念付诸实践，体现了大学生的实践能力和决心。大学生在这一环节中要全面动员自己的各项能力，进行全面的、系统的项目管理，将初步构思的想法转化为切实可行的产品或服务。这一过程从项目策划开始，对创新创业项目的整体目标、路径、资源需求等做出明确规划。在项目的执行阶段，大学生要有效地管理和调动资源，及时处理各种可能出现的问题，保证项目按照既定计划进行；要负责项目的推广和服务工作；通过有效的市场营销策略将产品或服务推向市场，并提供高质量的服务，赢得客户的认同。在整个过程中，大学生要以开放的心态对项目进行持续优化，以期提高创业效果。

风险控制是经营管理的保障。这要求大学生有能力识别和控制风险，避免或减少可能对创新创业产生不利影响的因素；在风险和机会中找到平衡，实现稳健的创业。

3. 市场营销能力

市场营销能力是大学生在创新创业过程中，对产品或服务进行推广和销售的关键技能。这种能力不仅包括传统的市场营销技能，例如市场调研、产品定位、营销策略的制定和实施等，还包括在数字化和全球化背景下进行市场营销的能力，例如数字营销、社交媒体营销、内容营销、数据分析等。运用各种方法和手段收集市场信息，包括但不限于消费者需求、竞品分析、行业趋势等，为产品的设计和营销策略的制定提供依据。能根据市场调研的结果，明确自己产品或服务的目标市场和目标消费者，确定产品的核心优势和独特性，以区别于竞品，满足消费者的需求。能根据产品定位制定适合的价格策略、渠道策略、促销策略和传播策略，并通过实施营销策略，使产品在市场中获得知名度和影响力，实现销售目标。在数字化和全球化背景下，大学生还要具备数字营销、社交媒体营销、内容营销、数据分析等能力；了解和运用搜索引擎优化、电子邮件营销、社交媒体广告等数字营销手段，利用社交媒体和内容营销吸引消费者，通过数据分析了解消费者行为，优化营销效果。

4. 把握机会和创造机会的能力

在商业环境中，机会无处不在，但是如何寻找并把握这些机会，却需要敏锐的洞察力和深厚的理解力。大学生要具备分析市场环境、社会环境和技术环境的能力，能够通过对各种信息进行深入分析，预见并找到那些潜在的商业机会；具备决策能力，能够在多种机会中选择最适合自己的那一个，以及在把握机会的过程中，能够迅速、准确地做出决策，将机会转化为实际的创新创业项目；具备创造机会的能力，创造机会需要大学生具备创新思维和创新行动的能力，能够从新的视角看待问题，寻找到新的解决方法，以此创造出新的商业机会；具备勇气和决心，能够挑战现状，冒险尝试新的事物，从而在创新创业过程中创造出独一无二的机会。

5.财务管理能力

创新创业过程中，财务管理起着至关重要的作用，涵盖资金的筹集、使用和控制，成本的计算和控制，利润的计算和分配，以及风险的识别和管理等多个方面。大学生要理解和掌握这些基本的财务管理技能，以确保创业项目的财务健康；理解和利用财务信息进行决策，包括理解财务报告，通过分析财务数据来评估创业项目的经济效益和风险，以及使用财务信息来制定和调整创业战略等；具备扎实的财务知识，以及高级的分析和决策技能。创新创业项目通常需要长期的投资和不断的资金投入，大学生要能够制定有效的财务规划，预测和控制创业项目的资金需求，以确保项目的顺利进行。

第三节　民族高校新工科人才创新创业精神培育与能力培养对策

加强民族高校新工科人才创新创业精神培育和能力培养，主要可从以下四大方向着手，如图 3-3 所示。

推动创新创业教育改革

搭建创新创业平台

培育创新创业文化

健全创新创业保障工作

图 3-3 民族高校新工科人才创新创业精神培育与能力培养对策

一、推动创新创业教育改革

（一）改革教学方法

传统的教学方法主要以教师为主导，而在创新创业教育中，这种模式需要进行一定的调整，将重心放在学生身上，注重培养他们的主动学习和独立思考能力。具体可采取以下几种教学方法。

1. 案例教学法

案例教学法是一种以学生为中心的教学方法，通过提供真实或模拟的实例，让学生在处理实际问题的过程中掌握相关的知识和技能。这种方法对于创新创业教育具有重要作用，因为它能够让学生从中体验创新创业的全过程，了解创新创业的挑战和机遇。具体来讲，案例教学法具有三方面的优势：第一，案例教学法强调实践和体验，通过对具体案例的学习，学生可以亲身体验创新创业过程中的困难和挑战，进而培养他们解决问题的能力和应对挑战的勇气，这对于他们未来进行创新创业活动实践具有重要作用。第二，案例教学法鼓励学生进行独立思考和独立决策，在讨论案例的过程中，学生自己分析问题，提出解决方案，这样不仅能锻炼他们的分析和决策能力，也能提升他们的独立思考能力，这对于创新创业的成败也是至关重要的。第三，案例教学法通过提供真实的创新创业案例，使学生能够了解创新创业的实际情况和现实环境，从而提高他们的实际操作能力和应变能力，这对于学生的创新创业活动实践具有重要意义。

2. 体验式教学法

体验式教学法是一种让学生通过实际的体验活动来学习和掌握知识、技能的教学方法。这种方法可以引导学生主动参与和体验学习，可以提高学生的动手能力和创新思维，特别适用于创新创业教育。这种教学方法要求学生在模拟或真实的环境中参与创新创业的全过程，从寻找创新点、制定商业模型，到产品研发、市场推广，甚至包括公司管理等方面。在此过程中，学生不仅能深入理解创新创业的理念和方法，还能锻炼他们的实践能力和解决问题的能力。另外，体验式教学法还能培养学生的抗压能力和应变能力。

3. 启发式教学法

启发式教学法通过激发学生的兴趣和好奇心，引导他们自主探索和发现，提升他们的学习主动性和独立思考能力。在创新创业教育中，启发式教学法被广泛应用，因为它非常适合培养学生的创新精神和创业能力。在启发式教学环境中，教师的角色由传统的知识传授者转变为引导者和启发者，他们更多的是通过提出问题的方式，引导学生根据问题自行深度思考和探索。例如，教师可以通过提出一个实际的创业问题或挑战，引导学生从多个角度进行分析，寻找解决方案。在此过程中，学生需要自主寻找信息，进行分析和推理，发现问题并寻找解决方法，这样既能锻炼他们的独立思考能力和解决问题能力，又有利于培养他们的创新意识和批判性思维。启发式教学法不仅注重知识的传授，更注重学生的能力培养和个性发展。它可以激发他们的创新思维，鼓励学生敢于质疑，勇于探索，这对于培养创新创业人才具有非常重要的意义。

（二）强化科研支撑

科研支撑为学生提供了深入探索某一领域、解决实际问题的机会，进一步培养其创新意识和创业技能。特别是在新工科人才培养中，强化科研支撑具有多重意义。科研活动本身就是锻炼思维、训练技能的过程，通过参与科研项目，学生可以深入理解并运用所学知识，这对于激发其创新意识，提升其解决问题的能力具有十分重要的意义。同时，科研活动还可以让学生有机会接触最前沿的技术和知识。民族高校可以通过合作项目、访学等方式，让学生了解并接触到最新的研究方向和成果，从而拓宽学生的视野，提高他们的创新能力。科研的目标往往是解决某一问题或者满足某一需求，而这恰好是创新创业的出发点。科研成果可以直接转化为创业项目，也可以为创业提供技术支持。

（三）加强师资队伍建设

优秀的教师队伍是创新创业教育的主体和引领者，他们的素质、理念和行为直接影响学生创新创业精神的培育和能力的培养。因此，民族高校在新工科人才的创新创业精神培育与能力培养中，必须重视加强师资队伍的建设。

1.民族高校应关注师资队伍的专业素质

教师队伍的专业素质尤为关键，因为他们不仅要具备对自己学科领域的精深理解，还要有足够的敏感度去理解和把握创新创业的节奏和方法。创新创业教育并不只是传授知识，更重要的是引导和培养学生的创新思维，挖掘他们的创业潜能。因此，教师需要深入理解新工科的特点和要求，同时掌握现代教育理念和方法，以便更好地完成教学任务。要实现这一点，重要手段之一就是通过丰富多样的形式提升教师的专业素质。定期的专业研修可以使教师及时更新自己的知识结构，理解新的学科发展趋势；高水平的学术会议则能让他们接触到学科的前沿理论和实践，从而使教师的视野更加开阔。此外，海内外的学术交流也是提升教师专业素质的有效途径，他们可以通过交流了解其他地区、其他文化中的教育理念和实践方法，对自己的教学方法进行反思和改进。当然，提升教师的专业素质并不是一蹴而就的，而是需要持续不断地努力，这需要民族高校在制度上给予支持，例如设立教师专业发展基金，支持教师的研修和进修；设立教师评价机制，将教师的专业发展作为评价和晋升的重要标准；建立教师成长体系，使教师长期拥有职业发展的机会。这样，教师才能不断提升自己的专业素质，更好地完成创新创业教育的任务。

2.民族高校应重视师资队伍的教学能力

民族高校的教师仅具备很强的专业素质是远远不够的，还需要具备优秀的教学能力，这样才能通过教学活动真正激发和培养学生的创新创业精神。优秀的教学能力意味着教师能够以更生动有趣的方式，更清晰透彻的逻辑，将复杂的理论知识和实际案例传递给学生。教师要有足够的实践经验，才能教导学生将理论知识运用到实践中，将创新创业的想法转化为可行的计划。因此，民族高校应鼓励教师参与实际的研究和项目，使他们在具体的实践活动中提升自身的实践能力和创新能力。另外，研究能力也是教师引导和激发学生创新创业精神的关键因素。有研究能力的教师不仅能够引领学生进行深入的学术探索，还能为他们提供丰富的创新思维和研究方法。因此，民族高校应定期组织教学参与相关培训活动，使教师的教学能力和研究能力都能得到不断提升。

3.民族高校应重视师资队伍的年龄结构和知识结构

民族高校在组建师资队伍时，要意识到每一位教师都具有独特的价值和能力。年轻教师在思想上更加活跃，更易于接纳新的理念和技术，而且他们的教学方式往往也更接近当前学生的学习方式和习惯，因此对于培养学生的创新思维和创新精神具有一定的优势。而教学经验丰富的高龄教师，积累的教学经验和人生智慧也是不可或缺的。他们能够从宏观的角度理解和解释问题，他们的稳定性和深邃性对于学生的成长同样重要。因此，学校需要尽量在师资队伍中保持年龄结构的多样性，不断引进年轻力量，同时也要珍视和尊重高龄教师的经验与智慧，让他们的知识和经验得到最大限度的发挥和利用。这样的师资队伍既充满活力，又稳重且富有经验，能更好地适应教学的多样性和复杂性，提供更丰富、更全面的教育资源。学校应注重改善师资队伍的知识结构，尽可能覆盖多个领域。在新工科人才的培养中，我们不仅需要技术型人才，还需要复合型、创新型的人才。因此，教师队伍的知识结构必须多元化，要能够满足这样的教育需求，通过更广泛、更深入的知识传授帮助学生建立全面的知识结构，并不断提高学生的创新创业能力。

4. 民族高校应在制度层面给予师资队伍足够的支持

要想让教师更好地发挥作用，激发他们的积极性，学校在制度上应给予他们更大的支持。首先，调整教师的评价机制，将评价的重心从教学成果转向教学过程和教学效果。以往教师的评价往往过于注重对短期教学成果的评价，如根据学生的考试成绩评价教师的教学水平，而忽视了实际的教学过程和长远的教学效果。教学是一个复杂的过程，涉及的因素远远超过学生的考试成绩。因此，学校应关注教学的全过程，评价教师的教学策略、教学方法，将更多的注意力放在教师是如何激发学生的学习兴趣，如何培养学生的创新思维和批判性思维等问题上。其次，改革教师的激励制度，对在创新创业教育中有突出贡献的教师应给予更多的支持和奖励。例如，学校可以为他们提供更多的资源，如研究资金、学术交流机会等；或者给予他们更多的荣誉和认可，如荣誉称号、提拔机会等。最后，建立完善的教师发展体系，为教师提供持续的职业发展机会。这既包括提供专业发展的机会，如参加研修、进修等，也包括提供个人发展的机会，如职务晋升、岗位调整等。只有当教师感到他们的职业发展得到了支持和认可，他们才更有动力去投入教学，更好地发挥他们的专业技能和创新精神。

二、搭建创新创业平台

（一）竞赛平台

竞赛平台提供了一个绝佳的机会，学生可以将他们在课堂上学习的理论知识应用到实际问题中。在这个过程中，他们要用创新的思维和方法来解决问题，从而提高他们的创新能力。此外，竞赛平台也是培养创业精神的重要途径。在竞赛过程中，学生要将自己的想法转化为实际的项目，从而锻炼他们的创业能力。

竞赛平台的建设应当包括以下几个方面。

1. 鼓励和支持学生参与各类竞赛

学生参加各类竞赛对于提升民族高校新工科人才的竞争力发挥着不可忽视的作用。这些竞赛包括科学技术竞赛、商业计划竞赛、创新设计竞赛等，涵盖了不同的领域。参与竞赛活动，可以从多个方面激发和培养学生的创新创业精神和能力。参加各类竞赛可以为学生提供一个展示自我，实现自我价值的平台。每一场竞赛都是新的挑战，需要学生将自己的知识、技能和创新思维付诸实践，在此过程中，学生的专业技能和创新能力都能得到锻炼和提升。各类竞赛通常具有一定的竞争性和挑战性，这就要求学生应具备批判性思维和解决问题的能力，而通过参与竞赛活动恰恰能够提高这些能力。另外，参加竞赛也意味着学生需要处理来自各方的压力，这对于即将面对工作压力和挑战的大学生们可以起到关键的预备作用。参加竞赛可以帮助学生建立自信，无论竞赛结果如何，都是学生成长的过程。每一次竞赛都会使学生发现自己的优点和不足之处，从而提升他们对自己能力的认识，增强他们的自信心和帮助他们明确努力的方向。

2. 提供必要的资源和支持

为了使学生能够充分发挥他们的创新创业能力，民族高校应当提供必要的资源和支持，包括硬件设施、资金援助，以及专业的指导和咨询，从而为学生创新创业提供重要保障。

首先，硬件设施是创新创业活动的基础。例如，实验室和工作室提供了学生进行科研实验和团队合作的空间，这对于他们的实践能力和团队协作能力的提升具有重要作用。利用这些设施，学生可以将理论知识与实践相结合，实现知识的内化，同时也可以通过团队合作提升自己的领导力和协作精神。资金支持是创新创业的重要动力。其次，在创新创业过程中，学生可能会遇到资金问题，如项目启动资金、设备购买费用等。因此，学校可以设立专门的资金来支持学生的创新创业项目，这既可以降低学生的创业门槛，也可以激励他们积极投身于创新创业中去。最后，专业的指导和咨询是提升学生创新创业能力的关键，学校可以邀请行业专家和成功的创业者定期为学生举办讲座或组织培训互动，分享他们的经验和见解，这对于学生视野的拓宽和新思考方式的获取具有重要意义。

3. 建立与各类企业和机构的合作关系

民族高校通过与各类企业和机构的合作，可以为学生提供更多的实践机会，通过实践，学生可以深入了解行业现状，理解业界问题，并将所学知识应用于解决实际问题中去。例如，企业实习、项目研发、技术解决方案等，都是学生锻炼能力、积累经验的良好平台。企业和机构可以分享行业前沿技术和市场趋势，这对于学生洞察行业发展，发掘创新点具有重要作用。此外，通过与企业和机构的合作，学生还可以获取更多关于创业的信息和资源，如创业导师、投资资源等，这都能为他们日后的创业打下坚实基础。与企业和机构的合作还可以培养学生的团队协作和社交能力。在合作过程中，学生需要与各方进行交流和协作，这无疑为锻炼他们的沟通能力和团队精神提供了很好的机会。

4.设立创新和创业奖励机制

奖励机制可以采取多种形式，包括金钱奖励、学分加分、优秀项目推广等，旨在进一步激发学生的创新精神和创业热情。金钱奖励是一种直接且有效的奖励方式，对于优秀的创新创业项目或个人来说，提供经济奖励可以为他们带来实质性的回报，同时也可以激发其他学生对创新创业的兴趣和热情。学分加分是另一种形式的奖励，对于参与创新创业活动的学生，可以通过加学分的方式为他们提供一定的支持，以此来鼓励他们积极参与这些活动。这种方式既可以体现高校对于学生创新创业努力的认可，又可以鼓励更多的学生参与创新创业活动。优秀项目推广是对创新创业成果的认可和支持，具有一定潜力和影响力的项目，学校可以通过各种渠道进行推广，比如在学校官网、社交媒体等平台上进行展示，或者在学校举办的各种活动中进行宣传，以提升这些项目的影响力和知名度，从而激励其他学生也投身创新创业活动。

（二）实践平台

实践平台的主要作用在于提供一个将学术理论与实际操作相结合的场所，从而使学生在实践中锻炼创新创业能力，并提高学生解决实际问题的能力。实践平台主要包括以下几个方面：校内实验室、校内工作室、创新创业实践基地、企业实习和社区服务等。

校内实验室和校内工作室是学生进行科研实验和创新创业活动的主要场所。在这里，学生可以将课堂上学到的知识运用到实际操作中，从而提高自身的实践技能。例如，工程类的学生可以在工作室内进行各种机械操作，体验实际的工程项目。而商学院的学生则可以在工作室中模拟企业运营，学习和实践商业策划、市场分析等业务。这种实践经验不仅可以提高学生的实践技能，还能培养他们的团队协作精神和解决问题的能力。

创新创业实践基地是培养学生创新创业精神的重要平台。实践基地可以是学校自主建立的，也可以是学校与企业或其他机构共同建立的。在这些基地中，学生可以进行各种创新创业活动，例如开发新产品、进行市场调研、编制商业计划等。这些活动既可以提高学生的实践技能，也能锻炼他们的创新思维和创业精神。

企业实习是提升学生实践能力和职业技能的有效方式。通过与企业的合作，学校可以为学生提供实习机会，使他们能够在实际的工作环境中学习和提高。在实习过程中，学生可以了解企业的运营模式和业务流程，学习专业技能，同时也可以积累工作经验，提前适应未来的职业生涯。

社区服务则是另一种形式的实践活动。通过参与社区服务，学生可以了解社会的实际需求，增强社会责任感。在服务过程中，他们也可以运用自己的专业知识来解决实际问题。

（三）交流平台

交流平台为学生提供了分享知识、探讨创新点、展示创业项目、获取反馈以及建立合作关系的机会。交流平台可以是线上的，如网络论坛、社交媒体等，也可以是线下的，如研讨会、工作坊、创新创业大赛等。

线上交流平台的优势在于能覆盖更广泛的参与者和内容。学生可以通过网络论坛、社交媒体等方式与来自不同背景的人进行交流，获取多元化的观点和建议。此外，线上平台也可以让学生在更大范围内展示和推广自己的创新创业项目。他们可以发布项目信息、分享进展、邀请合作等，从而获取更多的资源和支持。

线下交流平台则可以为学生提供更直接且深入的交流体验。研讨会和工作坊等活动不仅可以增强学生之间的互动性，还可以提高学生对于信息的理解程度。此外，线下交流活动还可以帮助学生建立真实的人脉关系，这对于创新创业的成功具有至关重要的作用。例如，学生可能在这些活动中遇到未来的合作伙伴、导师、投资者等。

创新创业大赛也是重要的交流平台。通过参加这样的大赛，学生不仅可以展示自己的项目，从而获取专家和老师的反馈和指导，而且还可以通过竞赛激发自己的创新精神和动力。同时，大赛也可以让学生观察和学习其他团队的优秀做法，提升自己的项目管理和团队合作能力。

三、培育创新创业文化

（一）开展校园创新创业文化活动

开展校园创新创业文化活动是培育创新创业文化的有效方式。这些活动向学生传播创新创业知识，展示创新创业实践，塑造积极向上的创新创业氛围，进而鼓励学生积极参与创新创业活动，提高他们的创新创业能力。校园创新创业文化活动多种多样，包括创新创业讲座、创新创业展览等。这些活动的目的都是鼓励学生去尝试新的想法，去实践他们的创业梦想。

创新创业讲座是强大的学习工具，尤其是对于正在孵化创新想法或有志于创业的学生来说。讲座由经验丰富的创业者、专业领域的权威人士或创业导师主讲，他们的经验和知识对于学生来说是无价的。学生可以从这些专家的分享中学习到各种创新创业的技巧和策略，例如如何识别和开发新的商业机会，如何进行市场分析，如何拟定商业计划，如何组建和管理团队，如何进行风险管理等。这些知识对于学生的创新创业活动有着直接的指导意义。此外，讲座也是学生了解创新创业过程和挑战的重要途径。专家们可以分享他们在创新创业过程中是如何克服困难，实现目标的故事。这些经验教训可以使学生了解创新创业的实际情况，有助于他们做好心理准备，增强创新创业的勇气和决心。

创新创业展览的设立，是学生在积极参与创新创业活动过程中，展示其独特思维和创新能力的重要窗口。这不仅是一种鼓励和赞赏的方式，也是一种互动、学习和互助的平台。在展览中，学生们的创新项目、产品、服务等成果得以被大众看见，赞赏和批评，这对于提升他们的自信心具有极大的帮助。他们可以在这个过程中了解自己的优点和缺点，清晰地认识到自己在哪些方面需要努力。这不仅可以激发他们的进取心，而且可以帮助他们在以后的创新创业过程中，更好地避免犯错，从而提高创新创业的成功率。而且，展览还可以帮助学生建立人脉，扩大社交网络。教师、同学、访客等人都可能成为他们的未来合作伙伴或投资者。他们可以在此过程中了解更多的商业机会，获取更多的合作可能。这对于他们的创新创业，获取资源和支持有着非常大的帮助。

（二）参加创新交流活动

高等学校是一个充满活力和多元思想交流的场所，各种文化观念在此交融并得到繁荣发展。为了提升大学生的创新创业思维和实践能力，学校可以全方位地举办一系列创新创业交流活动。例如，邀请创新创业领域的佼佼者，尤其是校友，回到母校开展讲座，亲身讲述他们的创新创业历程，剖析成功的关键因素以及失败的教训。他们的亲身经历和真实感受有助于学生更好地理解创新创业的过程和遇到的挑战。此外，学生还可以前往他们的公司实地考察，亲身感受创新创业的魅力和挑战，激发创新创业的热情。可以定期组织大学生创新创业论坛，为学生提供表达观点、展示成果和学习新知识的平台。论坛可以邀请成功的创业者和知名学者共享他们的实践经验，分享创新创业的点滴故事，与学生进行深入的交流和讨论，从而引导更多的学生对创新创业产生兴趣，建立全面的创新创业观念，培养创新创业精神。还可以鼓励学生参加创新创业展示交流活动，如世博会、创新产业展等，提供与其他大学和企业沟通与交流的机会，让学生在互动中感受到最新的创新创业成果，培养其创新文化。总的来说，这些创新创业交流活动不仅可以提高学生的创新创业知识和技能，而且可以激发他们的创新创业激情，培养他们的创新创业精神。

（三）建设学生创新创业社团

学生创新创业社团是培养创新创业文化的有效载体之一，为学生提供了一个自由创新、实践创业的舞台。学生能够通过团队合作、学习交流，提升自身的创新能力和创业精神。学生社团由学生自己发起、自我管理，具有很强的自发性和创新性。学校应鼓励学生在社团中发挥自己的主动性和创新性，尝试新的创业项目，探索创新思维。为学生创新创业社团提供必要的资源支持，包括场地、设备、经费等，确保学生在社团活动中能够得到充分的实践机会。学校还可以邀请创新创业的专家和导师为学生提供指导，他们的专业知识和丰富经验将对学生的创新创业活动产生积极影响。设立相关的奖励机制，对学生社团中的创新创业成果进行奖励，以此激励学生积极参与创新创业活动。

四、建立健全创新创业保障机制

（一）强化高校组织保障

创新创业教育已经成为高等教育改革发展的关键组成部分，为此，建立一个以校长为组长，各个学院院长为组员的创新创业工作小组，由教务部门领导，学生工作处、团委等相关部门协同参与，建立多元参与、协同管理的工作机制。每年召开创新创业工作会议，设立创新创业工作专项资金，全面推进和协调创新创业教育工作。在这个组织结构下，各部门各司其职，共同推动创新创业教育的实施。例如，教务部门负责引领学生的创新创业教育的实施，团委负责筹备创新创业活动和竞赛，学生工作处负责鼓励学生参与创新创业活动，而学校的创新创业园则负责创业孵化项目。通过这种方式，利用高校组织的优势和各部门的协同效应，可以有效地推动创新创业教育的发展，增强大学生的创新创业意识，并进一步提高他们的综合能力和素质。这种模式体现了集体领导和部门协同的工作机制，为创新创业教育提供了强有力的组织保障。

（二）推动各方面的协同创新

民族高校可以与企业建立长期稳定的合作关系，通过产学研结合，把学生的理论知识与实践相结合，提升学生的实践能力和创新能力。同时，企业也可以通过这种合作，得到新的科研成果和技术，从而提高自身的竞争力。鼓励学生跨专业、跨学科的合作，形成多元化的创新团队。通过跨学科的合作，可以产生新的创新点，从而推动创新创业的发展。同时还要加强国际交流与合作，通过与国外的高校和企业的合作，引入国际的先进技术和管理经验，提升学生的国际视野和创新能力。

（三）健全高校创新创业激励机制

激励制度的设计与执行对于创新创业教育的推进具有至关重要的作用，有助于激发教师和学生创新创业的积极性，并实实在在地推动高等教育机构创新创业教育工作不断进步。建立并不断完善创新创业教育激励机制是关键步骤，包括设立创新创业奖励基金，以奖励在创新创业领域表现出色的个人和团队。此外，也要扩大评奖评优比例，以表彰在创新创业教育中表现出色的教师。在教师激励制度的设计中，应重视对教师在创新创业课程建设、实践以及研究等领域取得的成就。同时，设计与教师工作投入相符的薪酬制度，并落实各项工资福利政策，切实保障教师的切身利益。为了让教师更加积极地引导学生参与科技创新项目，可以实施让教师指导学生开展创业项目或参与课题研究的政策，并将这些工作折算为教师的工作量。此外，教师在科研项目申报与立项方面也可以优先考虑。

优化教师的职务评选及绩效评估体系是一项关键任务。创新创业教育业绩作为评定教师职位晋升、职位分配以及绩效评核的关键指标，从而对创新创业教育评价提供重要依据。这可以鼓励教师在创新创业教育中做出更多努力，同时也提高了他们在整个教育系统中的地位和影响力。在此基础上，进一步支持教师和科研人员与学生共同投身创新创业活动。为此，学校可以对教师予以一定的支持，使他们在进行科研、教学和实践活动时，更多地考虑如何将学生融入这些活动中。这样，学生不仅可以在实践中学习和成长，同时也能在教师的指导下积累丰富的创新创业经验。教师的科研成果是技术创新的源泉，也是产业化的基础。学校可以在政策上给予支持，鼓励教师将他们的科研成果转化为具有市场前景的产品或服务，从而促进科技创新和经济发展。同时，科研成果的转化也能使教师得到相应的经济收益，从而进一步激励他们积极投身于创新创业教育工作中去。

（四）完善创新创业教育相关的政策

政府应该加强对创新创业教育的支持，通过制定政策，鼓励教师和学生参与创新实践。在学生培养方案中，高校应创新考核模式，增强创新创业教育的实际效果。依据学生的学习进度，实施阶段性、过关式和积分制的评估方法，逐步推进。课程评估主要依据创意的形成、展示实际或模拟的创业过程，辅以教师的评论和学生间的互评，指导和激励学生把创新创业知识用于实践，重点检查学生运用知识分析和解决问题的能力。

在国家层面，打破基于户籍制度的就业服务管理模式，并允许自主创业的大学生异地注册，享受相关税收优惠、行政事业性费用减免、小额担保贷款和贴息、创业服务等扶持政策。全面落实大学生创业孵化基地的房租减免、资金支持、培训和中介等优惠政策。高校应设定创新创业学分为必修学分，提升创新创业实践学分的权重，实行创新创业课程的免修制度，将创新创业实践纳入推荐免试研究生的加分项，将指导创新创业实践纳入教师考核和职称评审系统，实行创新创业优秀指导教师奖励制度等。实施"创新创业弹性学籍"的管理制度，对有创新创业意愿的学生实施弹性学制，延长学业年限；允许创业团队主要成员在学校规定的基础上再延长学籍年限，消除创业学生的后顾之忧。有条件的高校，可以设立大学生创新创业活动中心，对涉及大学生创新创业的申报审批工作实行一站式办理，简化办事流程，提高服务效率。在高校集中地区设立大学生创新创业服务中心，实施一对一的细致化定制服务，根据地方条件建设大学生孵化基地、微企园，形成政府和企业合作、学校和企业联合、企业入股等多方参与的发展模式。

第四章　民族高校新工科教育的创新创业课程体系

第一节　创新创业课程的设置原则

在本节中，我们将着重介绍创新创业课程的设置原则，如图 4-1 所示。这些原则旨在确保学生能够全面、系统地掌握创新和创业的理论知识，培养他们的创新思维和实践能力。通过合理的课程设置更好地激发学生的创造力，培养他们的团队合作精神，并为他们未来的职业发展打下坚实的基础。

图 4-1　创新创业课程的设置原则

一、实践导向的课程设置原则

实践导向的课程设置原则是基于一个核心理念：知识应当通过实践活动得以应用和深化。在创新创业教育中，这一原则的重要性更为突出，因为创新创业本身就是一个需要不断实践的过程。在课程设置中，这一原则具体体现在以下几个方面。

（一）课程应强化实践环节

在现实生活中，创新创业需要的不仅仅是理论知识，更重要的是实践操作的能力。加强实践环节，可以使学生更好地理解并运用理论知识，从而提高他们解决实际问题的能力。

案例分析是一种有效的实践教学方法。通过对成功或失败的创新创业案例进行深入分析，学生可以从中了解到创新创业的过程，熟悉在实际操作中可能遇到的问题，并学会如何解决这些问题。这种方法可以帮助学生将理论知识和实际操作相结合，提高他们的综合分析能力。角色扮演也是一种有益的实践教学方法，让学生在模拟的创新创业场景中扮演企业家或其他相关角色，通过实践活动切身体验创新创业的全过程。这种方法可以使学生更深入地理解创新创业的流程，锻炼他们的决策能力和团队协作能力。另外，模拟创业活动也是实践教学的重要组成部分。通过模拟真实的创业活动，让学生在模拟的环境中进行创新创业实践，可以更好地锻炼他们的创新思维和实际操作能力。

（二）课程应与现实业界问题相结合

这一原则要求课程设计者与企业紧密合作，引入实际的商业问题，使学生有机会直接面对市场的需求，并在解决这些需求的过程中提升自己的技能和知识。

企业问题的引入可以使学生对创新创业有更深刻的理解。商业问题往往复杂且充满挑战，这需要学生运用他们的创新思维来找到解决问题的方法。在此过程中，学生不仅能够学习和运用创新创业的理论知识，而且还能提升他们的实际操作能力。通过解决企业中的实际问题，学生可以更好地了解市场的实际需求和行业趋势，有助于学生将学习的知识与实际应用场景相结合，更好地理解创新创业的价值和意义。企业问题的引入，实际上是打造了一个将学生、教师和企业家联系在一起的平台，学生可以借助这个平台与企业家、行业专家建立联系，与他们一同探讨问题，并寻求解决方案。这种互动可以帮助学生了解企业家们的工作方式和思考方式，并向企业家们学习在面对问题时应如何制定解决策略，并且还可以从企业家和行业专家那里了解行业的前沿动态。此外，学生在与企业家和行业专家交流的时候，还能充分展现自己的创新思维和实际操作能力，从而吸引企业家或行业专家的注意，为自己赢得实习机会，甚至是在毕业后得到就业机会。这些互动和建立的联系可以形成职业网络，对于学生的职业发展是非常有利的。

（三）课程应重视反思和总结

反思和总结让学生在每次实践活动之后有机会重新审视自己的行为和决策，包括成功的方面和需要改进的地方。这不仅可以提升学生的自我认知，还可以帮助他们找出需要改进的地方。例如，学生可能会意识到自己在沟通、决策或者团队合作上存在问题，那么在下一次的实践中就会有针对性地对这些方面进行改进。学生通过不断实践、反思和总结，可以积累丰富的经验，这些经验可以成为他们在未来创新创业过程中的宝贵财富。通过实践活动，他们能了解到理论与现实的差异，以及在实际操作中可能会遇到的各种困难和挑战，这些都是课堂教学无法教授的实际经验。反思和总结的过程可以培养学生的自我驱动和自我管理能力，学生需要主动反思自己的行为，找出问题的关键再进行自我调整。这是一种积极的学习态度，对于创新创业特别重要，因为创新创业过程中往往充满了不确定性，需要学生有较强的自我驱动和自我管理能力。

（四）课程评价要以实践为重

实践导向的课程评价与传统的以知识掌握程度为主要评价标准相比，二者的不同之处在于，前者更加注重学生在实际应用中的能力。通过实践活动，学生能够将所学知识与实际情境相结合，发现问题、分析问题并提出解决方案。因此，课程评价应该关注学生在实践中的表现，而非仅仅看重他们对知识的记忆和理解程度。

解决问题的能力是实践导向课程评价的重点之一。学生应该展示他们在面对现实挑战时能够灵活运用所学知识和技能，找到切实可行的解决方案，这需要他们具备分析问题的能力、提出解决方案的能力以及实际操作的能力。在实践中，学生通常需要与他人合作，共同解决问题或完成任务。评价应该关注学生在团队合作中的角色扮演、沟通协调和团队协作能力等方面的表现。这些能力对于他们未来的职业发展非常关键，学生应该展示他们能够提出新颖的观点、创造性地解决问题，以及应对变化和不确定性的能力，评价应该关注学生在实践中展现的创新思维、创造性解决问题的能力以及对新领域的探索和应用能力。

二、系统整合的课程设置原则

系统整合的课程设置原则是指在创新创业课程体系中，将不同领域的知识与技能有机地整合起来，形成一套完整的课程体系。这种整合不仅能够提供学生全面的学科知识，还能培养他们跨学科的综合能力和创新思维。

（一）跨学科整合

跨学科整合意味着课程应该超越传统的学科边界，将不同学科领域的知识和技能进行有机整合，从而为学生带来更全面的学习体验，并更好地培养学生的跨学科能力。跨学科整合的课程设置可以通过开设跨学科的课程来实现。这些课程可以覆盖从科技研发到市场营销的全过程，让学生在学习中接触到不同学科领域的知识和技能。例如，创新创业导论课程，让学生了解创新创业的基本概念、方法和实践案例。这门课程可以涵盖科技、商业、市场等多个学科领域的内容，让学生从不同角度去理解和掌握创新创业的要素。通过跨学科整合的课程设置，学生可以获得更全面且多样化的知识和技能。他们可以从科技领域学到最新的技术和工程知识，了解创新的技术趋势和应用场景。同时，他们也可以学习商业和市场知识，了解创业过程中的商业模式、市场定位和营销策略等重要内容。

（二）理论与实践相结合

创新创业课程应该注重将理论知识与实践应用相结合，让学生在实际操作中学习和应用所学的理论。课程设置可以包括理论讲授、案例分析、实践项目等多种形式，以确保学生能够将所学知识运用到实际创新创业中，上文已对此内容进行详细介绍，此处不再赘述。

（三）注意课程的渐进性和层次性

创新创业课程应该按照逐步深入的方式进行设置，从基础概念和案例讲解开始，逐渐引入更具体和高级的内容，以满足学生的学习需求和发展需求。在创新创业课程的早期阶段，学生可以通过学习基础概念和案例，建立对创新创业的基本认知和理解。这包括创新的概念、创业的过程和要素、创新创业的成功案例等。通过案例讲解，学生可以从实际案例中学习创新创业的实践经验和教训。在学生对创新创业有了基本了解后，创新创业课程应该提供学生参与实践创业项目的机会，这一点可通过模拟创业项目、创业比赛或实际创业项目的方式来实现。在这一阶段，学生可以将所学的创新创业知识应用到实际项目中，锻炼他们的创业能力和实践技能。当学生具备了一定的创新创业实践经验后，创新创业课程可以进一步引入创新管理、创新战略、商业模式设计等高级内容。

这些内容可以帮助学生深入理解创新创业的管理层面，培养他们在创新创业过程中的战略思维和商业意识。

通过渐进性和层次性的课程设置，学生可以逐步提升创新创业能力和实践水平，从基础概念和案例讲解开始建立对创新创业的基本认知，然后通过创业项目实践锻炼实践能力，最终深入学习创新管理等高级内容。这样的设置能够满足学生不同阶段的学习需求，帮助他们在创新创业领域取得更好的成果。

（四）与实际需求紧密结合

创新创业课程应该与所涉及的行业紧密联系，以确保学生在毕业后能够适应行业发展的需求。这可以通过与行业相关的企业、行业协会和专业人士进行合作来实现。与行业合作伙伴的交流和合作可以帮助课程制定者了解行业的最新趋势、技术创新和市场需求，从而调整课程内容，使其更贴合实际需求。通过与企业建立合作关系，课程设置可以更好地将学术理论与实践相结合。可以邀请企业代表来校园开展讲座，分享他们的创新创业经验和实践案例。同时，可以组织学生参与企业的创新创业项目或者在企业里实习，让他们在实际工作环境中学习和应用所学的知识和技能。这样的合作关系可以帮助学生更好地理解行业要求，并为未来的创新创业做好准备。课程设计需要根据实际需求进行调整和优化，通过与行业企业的合作和反馈，可以不断调整课程内容和教学方法，以确保学生所学的知识和技能与实际应用相匹配。课程设计者可以定期与合作伙伴进行交流，了解他们的反馈和建议，及时对课程进行调整和改进。这种反馈机制可以加强课程与学生在学习中的实际需求之间的联系，并不断提高教学效果和学生的实际应用能力。

三、全程参与的课程设置原则

首先，全程参与强调学生在课程中积极参与和主动学习的态度。创新创业课程不应仅仅停留在理论的传授和知识的灌输，还要鼓励学生积极参与课堂讨论、案例分析、小组项目等各种实践活动。全程参与可以培养学生主动学习的意识和自主思考的能力，使他们能够主动地运用所学知识和技能解决实际问题。

其次，全程参与强调学生在实践活动中的全面参与。创新创业课程应该提供各种实践机会，如创业项目实践、企业访问、行业调研等，让学生能够亲身参与到实际的创新创业活动中。通过实践，学生可以深入了解创新创业的实际情况和挑战，锻炼他们的实践能力和团队合作精神。

最后，全程参与的课程设置包括评价和反馈环节。评价应该关注学生在课程中的全面参与程度和实践表现，而非仅仅看重他们的知识掌握程度。课程评价可以包括学生的参与度、团队合作能力、创新思维和问题解决能力等方面的综合考量。同时，反馈机制应具有时效性，可以及时帮助学生了解自己在实践中的优势和不足，并且可以为学生提供有针对性的指导和建议，促进他们的全面发展。

全程参与的课程设置可以激发学生的学习热情和创新创业激情，培养他们的实践能力和创新思维。通过积极参与各种实践活动，学生可以不断锤炼自己的创新创业能力，并将所学的知识和技能应用到实践中去。评价和反馈机制的建立可以帮助学生全面了解自己的实践表现，并不断改进和提高自己的能力。

四、面向未来的课程设置原则

（一）关注未来社会和行业发展趋势

随着科技的快速发展和经济的转型升级，新兴产业逐渐崭露头角，具有广阔的发展前景。创新创业课程应该关注这些新兴产业的发展趋势和商业模式，为学生提供了解和参与新兴产业的机会。通过对新兴产业的研究和案例分析，学生可以了解新兴产业的特点、机遇和挑战，并培养在这些产业中创新创业的能力。市场需求的变化是社会发展和经济变革的重要驱动力。创新创业课程应该关注市场需求的变化趋势，了解消费者的需求和偏好的变化，以及市场竞争的新趋势，学生通过研究市场需求和行业动态，可以抓住市场的机遇和挑战，从而为创新创业制定可行的方案。

（二）引入新兴技术和创新模式的应用

创新创业课程可引入人工智能、物联网、区块链等新兴技术的基本概念、工作原理和应用场景。学生通过深入了解这些技术，可以掌握它们的优势和局限性，并探索如何在创新创业中应用这些技术。引入新兴技术的应用案例，通过案例研究，课程可以展示新兴技术在创新创业领域的应用案例。学生可以了解这些技术在不同行业和领域的创新应用，从中汲取灵感，并思考如何将这些案例中的创新模式和经验应用到自己的创新创业项目中。引入创新模式的实践案例，除了新兴技术，创新创业课程还可以引入不同的创新模式和商业模式的实践案例。例如，共享经济、平台经济、社会创业等创新模式的案例可以激发学生的创新思维，并启发他们探索新的商业机会和创业模式。此外，学校应加强与科技企业和创新机构合作，与科技企业和创新机构的合作可以给学生提供实际创新项目应用的机会。合作包括企业访问、实习项目、创新竞赛等，让学生与行业专业人士共同工作，了解行业最新的创新技术和模式，并从中获取实际经验和指导。

（三）培养未来所需的核心能力

面向未来的课程设置应该注重培养学生未来所需的核心能力，包括创新思维、问题解决能力、跨文化沟通能力、团队协作能力、领导力等。课程设置可以通过案例研究、团队项目、角色扮演等方式培养核心能力，并提供相应的评价和反馈机制。

（四）注重可持续发展和社会责任

1. 引入可持续发展的教育理念

创新创业课程可以介绍可持续发展的基本理念、原则和目标，学生能够了解可持续发展的重要性以及如何在创新创业中践行可持续发展理念；可以探讨可持续发展对创新创业的影响和机遇，以便学生学习如何在创新创业过程中融入可持续发展的理念，实现经济增长、社会公平和环境保护的平衡；可以鼓励学生思考如何将可持续发展的原则和目标应用到创新创业项目中；引导学生深入探讨可持续发展与经济发展、环境保护、社会责任之间的关系，以便了解可持续发展对企业和社会的影响，如合规性要求、消费者偏好的变化和利益相关者的期望；引导学生思考如何在创新创业过程中平衡经济效益、环境保护和社会责任；引入可持续发展领域的成功案例和实践经验，包括企业的可持续发展战略、绿色创新的商业模式和社会创业的实践案例，通过案例，学生可以深入了解可持续发展的具体实践，并从中获取启示和借鉴。

2. 强调环境保护和资源利用的可持续性

创新创业课程可以引入环境保护和资源利用的案例，如环保科技创新、循环经济模式等，从而使学生了解这些案例中采取的环保措施和资源利用方式，认识到环境保护和资源利用的重要性，并思考如何在创新创业中采取类似的可持续性措施；组织学生参与环境友好型的创新项目，供学生自主选择与环境保护和资源利用相关的主题，开展研究和实践项目。例如，设计可再生能源解决方案、开发环保产品或服务、推动废物再利用等，通过实践项目，学生将直接面对环境保护和资源利用问题带来的挑战，从而培养他们解决问题的能力；引入环境评估和生命周期分析的方法，学生可以学习如何评估创新项目对环境的影响，了解项目的环境足迹和可持续性表现，通过环境评估和生命周期分析，学生将更加关注项目的环境影响，同时为项目的改进和优化提供指导。创新创业课程还可以促使学生与环保组织、研究机构和环保部门合作，共同探索环境保护和资源利用的创新解决方案，分享资源和经验，并共同推动环境友好型创新创业的发展。

3. 关注社会责任和公益创新

创新创业课程可以引入社会责任和公益创新的案例，如社会企业、非营利组织的创新项目等，使学生了解这些案例的企业或组织在解决社会问题方面的实践和创新。通过案例研究，学生将认识到创新创业可以为社会带来积极的影响，启发他们思考如何在创新创业中融入社会责任的理念和行动；组织学生参与社会创新项目，解决具体的社会问题，学生能够选择自己关注的社会议题，开展研究和实践项目。例如，解决教育不平等、推动可持续城市发展、促进社会包容等。通过参与实践项目，学生可以更好地提升解决社会问题的能力；教授学生社会创新的方法和工具，如社会影响评估、社会企业模式和设计思维等，促使学生学习如何评估社会创新项目的影响、设计创新的解决方案以及开展社会企业的运营。通过学习和掌握这些方法和工具，学生将更有能力将创新和创业应用于社会问题的解决中。

4. 探索可持续发展的商业模式和创新解决方案

创新创业课程可以鼓励学生进行创新创业项目的规划和设计，注重可持续发展的目标和效益，便于学生通过分析市场需求、社会问题和资源状况，思考如何将可持续发展的理念和原则应用于创新创业项目中。引导学生探索绿色供应链、环保产品设计、资源回收再利用等方面的创新解决方案，以提供更具可持续性的产品和服务；引导学生思考商业模式创新的机会，如共享经济、循环经济、社会企业等，促使学习如何在商业模式中整合可持续发展的因素，如节约资源、降低环境影响、提高社会价值等；帮助学生了解可持续发展商业模式的优势和挑战，以及如何在创新创业过程中应对这些挑战。

五、紧密结合地方民族文化的课程设置原则

课程内容应注重民族文化元素的融入，不仅可以让学生了解和认识本民族的传统文化，还可以借助独特的文化元素，引导学生在思考创新创业的过程中，寻找到新的视角和灵感。这不仅有助于培养学生的文化认同感，同时也有助于学生在创新创业中找到新的切入点和市场空间。课程设计也应考虑本地民族文化特征，将民族文化元素融入教学实践活动中。例如，可以组织学生走出课堂，直接参与到民族文化活动中，体验并深入了解民族文化，激发其对创新创业的思考。创新创业课程应以尊重和保护民族文化为原则，让学生在学习过程中充分了解民族文化的价值，进一步提高其对民族文化的热爱和尊重。鼓励学生以解决实际问题为目标，针对民族地区的特殊需求，进行创新创业实践。例如，可以关注民族地区的环境保护、公共卫生、教育公平、文化传承等问题，鼓励学生运用所学知识和技能，提出创新性的解决方案，实现科技与社会需求的有效结合。同时，创新创业教育还应积极引导学生参与到民族地区的经济社会发展中去，通过开发具有地方特色的创新产品或服务，推动当地产业的升级和转型，为促进民族地区的经济发展做出贡献。

第二节 创新创业课程体系的构建

创新创业课程体系的构建主要包括六个步骤，如图 4-2 所示。

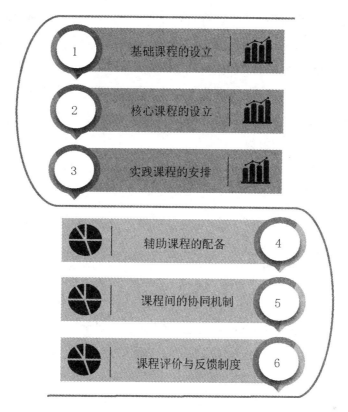

图 4-2　创新创业课程体系的构建

一、基础课程的设立

基础课程的设立是创新创业课程体系构建的关键起点。基础课程应涵盖创新创业所需的关键知识和技能，如创新思维、团队协作、项目管理、市场分析等。这些课程能够提供一系列的基础理论，帮助学生理解创新创业的基本原则和技术，同时培养学生的创新意识和初步的创业技能。

基础课程的设计应以学生的需求为出发点，课程内容应涵盖学生创新创业所需的基础理论知识、技术知识、管理知识等。基础课程的设立要强调实践教学，鼓励学生在进行理论学习的同时，开展创新创业实践活动，提高学生的实践操作能力。另外，基础课程的设立还应考虑学生的个体差异和专业特性。根据不同专业的特点和需求，灵活设定和调整基础课程的内容，以满足不同专业学生的创新创业学习需求。对于一些具有特殊需求或背景的学生，还可以设置有针对性的基础课程，以提升其创新创业的能力和效果。

基础课程在整个创新创业课程体系中起到承前启后的作用，是连接其他各类课程的重要纽带。只有通过基础课程的有效学习，学生才能在其他各类课程中更好地学习和实践，从而在创新创业的道路上取得成功。

二、核心课程的设立

相较于基础课程，核心课程更加专业，更侧重于创新创业的具体应用和实践操作。典型的核心课程包括但不限于创新创业项目管理、创新创业策略、创新创业财务管理、创新创业法律知识、创新创业领导力等。

在设计和开设这些核心课程时，教育者应综合考虑行业趋势、市场需求、学生兴趣等因素，保持课程内容的前沿性和实用性。例如，对于创新创业项目管理课程，不仅需要教授基础的项目管理知识，还应让学生深入理解和掌握如何在具体的创新创业环境中高效管理项目，包括如何有效管理资源、如何处理项目中的风险和问题、如何与团队成员进行有效沟通等。核心课程应设计多元化的教学活动，例如案例分析、角色扮演、项目实战、企业参访等，让学生有更多机会将理论应用到实际中。

三、实践课程的安排

（一）企业实习

企业实习是最直接的实践环节，让学生有机会走进真实的创新创业环境，亲身体验创新创业的各个阶段。学生通过在企业实习，不仅可以看到理论知识在实际工作中的应用，还可以通过解决实际问题来提高自己解决问题的能力。因此，企业实习既是学生学习创新创业知识的重要途径，也是他们建立职业网络、了解行业动态的重要平台。

（二）项目实施课程

项目实施课程让学生有机会实践自己的创新创业想法。在此课程中，学生会实践创新创业项目，从选题、策划、执行到评估等全过程都由学生负责。这种课程可以让学生在实践中感受创新创业的挑战和乐趣，同时也可以锻炼他们的团队合作能力和项目管理能力。

（三）创业模拟游戏

作为一种实践课程形式，创业模拟游戏的独特性在于将学术知识与游戏化元素相结合，为学生提供了一个相对安全又充满挑战的实践平台。这种课程形式常常以模拟创业游戏的形式让学生在游戏中亲身体验创新创业的全过程，从而使他们能够更好地理解和掌握创新创业的知识和技能。在创业模拟游戏中，学生通常需要在虚拟的商业环境中创建自己的公司，设计产品或服务，筹集资金，并进行市场推广和销售。在此过程中，学生将会接触到创新创业过程中的各个环节，包括商业模型设计、财务规划、市场分析、销售策略等，这些都是他们在创新创业过程中必须掌握的关键技能。值得注意的是，创业模拟游戏中的各个环节都与真实的创新创业环境紧密相连，但风险相对较低。这意味着，学生在游戏中可以自由尝试，而不用担心会带来实际的经济损失。这样的环境有助于鼓励学生积极尝试，激发他们的创新精神和创业勇气。

四、辅助课程的配备

辅助课程，如领导力、团队合作、公共演讲、跨文化交流等，对于培养学生全面的创新创业素质具有重要作用。

（一）辅助课程可以拓宽学生的视野和知识结构

辅助课程的设计旨在对学生进行全方位的培养，使其具备创新创业过程所需的多种技能。例如，领导力课程针对学生的领导能力和管理技能，这是在创业过程中尤为重要的素质。这些知识和技能的学习，不仅能帮助学生在未来的创业过程中更好地担任领导的角色，也能在日常生活中提高他们的管理能力。公共演讲课程则旨在提升学生的沟通和表达能力。在商业环境中，良好的沟通和表达能力能够帮助学生有效地传达自己的观点和想法，赢得他人的理解和支持。

（二）辅助课程能够帮助学生建立自信和自我价值感

在创新创业的过程中，学生可能会遇到各种挑战和困难，此时他们需要有足够的自信和坚忍的意志来面对这些挑战。在这一方面，辅助课程能够起到积极的作用，一些辅助课程如团队合作、领导力或者个人成长等，可以提供安全、支持性的环境，让学生有机会面对和解决真实世界的问题。辅助课程不仅可以让学生看到自己解决问题的能力，还可以让他们体验到从挫败中恢复、从困难中突围的满足感，这样的经历将极大地提升学生的自信心。辅助课程也可能让学生发现自己的潜在能力和价值。例如，一些课程可能会要求学生进行自我反思，探索自己的兴趣和价值观，或者设定个人目标。这一过程可以帮助学生更清晰地认识自己，找到自己真正关心和擅长的事情，从而建立起对自我价值的认同感。有些辅助课程还可能引导学生去关注和服务社区，学生在看到自己的行动影响了他人和社会以后，会更加深刻地感受到自己的价值，这也将进一步增强他们的自信，让他们更有力量去面对创新创业的挑战。

五、课程的协同机制

课程的协同机制使得各个课程不再是孤立的单元，而是相互联系、互为补充的有机整体。这种机制促进了知识的整合，能够更好地提升学生的综合素质，使他们更加全面地理解和应用创新创业的知识。在创新创业课程体系中，基础课程、核心课程、实践课程，以及辅助课程之间的协同是非常重要的。首先，基础课程为学生提供了创新创业所需的基本知识和理论，比如经济学原理、管理学原理、市场营销等。而核心课程则是基于基础课程对某一具体的创新创业领域进行延伸，如创新管理、创业策略等。当学生掌握了基础和核心的知识后，他们就可以通过实践课程将这些理论知识运用到实际中，体验创新创业的全过程。在实践课程中，学生将面临真实的商业问题，需要他们运用所学的知识来解决这些问题，这将使他们更好地理解和掌握创新创业的知识。而辅助课程，如领导力、公共演讲等课程，能够帮助学生提升他们在创新创业过程中所需要的其他重要技能。这些课程虽然不直接涉及创新创业的核心知识，但对于学生的创新创业成功是非常重要的。在这个体系中，每一门课程都为学生的创新创业活动提供所需的知识和技能，它们之间的协同使得这些知识和技能更好地整合，更有效地被学生理解和掌握。协同机制有助于提升学生的创新创业能力，更好地为他们未来开展创新创业活动做准备。

在具体的实施中，课程的协同机制需要通过一些具体的方式来实现。比如，教师之间可以进行交流和合作，共同设计课程内容和教学方法，使得各个课程之间的内容可以相互补充、相互关联。学校也可以制定相应的教学计划和课程体系，确保各个课程的教学目标和内容相互协调，符合创新创业教育的总体目标。

六、课程评价与反馈制度

良好的评价与反馈制度能够让教师了解教学效果，以及学生的学习进度和问题，从而及时对教学活动进行调整和改进。同时，它也能让学生了解学习状态，以及在哪些方面需要加强学习和提高。在创新创业课程体系中，评价与反馈制度主要包括两个部分：教师对学生的评价和学生对教师的反馈。首先，教师对学生的评价应该是多元化的，既包括对学生知识掌握程度的评价，也包括对学生实践技能的评价。例如，教师可以通过测试和考试来评价学生的理论知识，也可以通过实践项目和案例分析来评价学生的实践能力。此外，教师还应该对学生的创新能力和创业精神进行评价，鼓励学生积极思考，敢于创新，不怕失败。其次，学生对教师的反馈也是非常重要的。学生是教学活动的主体，他们对课程的理解和感受直接影响教学效果。因此，学生应该向教师反馈对课程的看法，提出建议和意见。这可以通过定期的教学反馈问卷，或者学生与教师的直接交流来实现。教师应该重视学生的反馈，根据反馈结果进行教学改进。

在设计和实施课程评价与反馈制度时，需要注意几点：第一，公正和公平的评价是高质量教育的关键要素。这意味着评价标准要清晰且透明，所有学生都能完全理解评价标准，并有机会以此为基础展示他们的学习成果。此外，公平公正的评价还要求教师对学生的学术成绩、创新能力和实践技能等进行多方面考察，避免因为偏重某一方面而忽视了学生的其他能力。全面公正的评价能够激励所有学生积极投入学习，发挥出他们的最大潜力。第二，及时有效的反馈是课程评价与反馈制度的重要组成部分。学生通过反馈可以了解自己的学习状况，知道自己在哪些地方做得好，哪些地方需要进一步提高。教师则需要在收到学生的作业后进行评估，再及时向学生反馈他们的学习情况，指出他们的优点和需要改进的地方，以帮助他们明确学习目标和方向。这种反馈既可以是个别的，也可以是集体的，但都应该建立在对学生的尊重和理解的基础上。第三，评价与反馈的结果应该被用于促进教学改进，而不仅仅作为评级或者打分的工具。教师可以通过反馈了解自己在教学中的不足，从而对教学方法和策略进行调整和改进，以更好地满足学生的学习需求。同时，学生也可以通过教师的反馈总结自己在学习中的不足，然后通过制订合理的学习计划提高自己的学习效果和学习效率。

第五章　民族高校新工科人才创新创业能力培养的模式

第一节　"校企"教育协同培养模式

一、校企协同人才培养的目标定位

（一）校企协同人才培养的宗旨

校企协同人才培养的宗旨主要在于满足各行业以及区域性经济发展的人才需求，为社会贡献合乎要求的专业技能型人才。此外，这一过程也应符合高等教育发展及其改革的需求。关键在于把学生放在教育活动的中心，专注于他们的专业技能培养。在这种模式下，高等教育机构与企业将建立各种形式的合作关系，涵盖技术研发、学术研究、人才培育以及社会服务等多个方面。目的是把学校的教育资源与企业的实践资源相互结合，以促进校企的协同发展。这样的合作关系不仅能够推动教育与社会的紧密结合，也能够提升教育的实践性和针对性，从而更好地实现校企协同人才培养的宗旨。

（二）校企协同人才培养的功能定位

1. 桥接理论与实践的鸿沟

长期以来，理论与实践的鸿沟是教育面临的重要挑战。在创新创业教育中，这个挑战尤为突出，因为创新创业活动本身就需要将理论知识应用于实际的商业环境中。校企协同人才培养策略的实施，无疑是一种有效的解决方案。具体来说，校企合作可以让学生有机会深入了解和接触到企业的运营模式、商业策略以及行业动态等实际情况，使他们的学习更加贴近实际，理论知识得以在实际情境中得到应用和检验。与此同时，企业的实际需求也可以直接反馈到教学中，教师可以根据反馈调整教学内容和方法，使教学更具针对性和实效性。在此过程中，学生的实践能力和创新思维可以得到锻炼和提升，理论知识也可以得到深化和拓宽，从而实现了理论与实践的有效桥接。

2. 增强学生的职业素养

职业素养是指在工作场合中展现的职业行为规范和态度，包括责任心、团队合作、时间管理、沟通技巧等各种要素。在校企协同人才培养中，学生通过参与企业的实际运营活动，能够接触企业的职业文化和工作习惯，这无疑是提高学生职业素养的有效方式。学生可以通过观察和模仿企业员工的行为，学习领悟工作中展现出的专业精神和责任感。同时，他们也可以与他人进行有效的沟通和协作，以及有效地管理自己的时间和精力。企业的各种规章制度和工作流程也可以帮助学生形成正确的职业伦理观和道德观。此外，学生还可以通过企业的实际案例，学习处理工作中的各种问题和冲突的办法，以及在压力下保持良好的工作状态。

3. 提供实习和就业机会

学生通过在企业里实习，可以将所学知识和技能应用到实际工作中，从而提升自己的实践能力和专业素养。他们可以在企业中与专业人士一起合作，了解行业的实际需求和运作模式，从而拓宽自己的视野，并建立宝贵的职业人脉。除了实习机会，校企合作还为学生提供了就业机会。企业通过与高校合作，可以更加了解学生的专业素质和能力，并有可能在毕业后为优秀的学生提供就业机会。这种紧密的合作关系对于学生未来的职业发展具有至关重要的作用。通过提供实习和就业机会，校企合作为学生的职业发展提供实践平台，同时，企业也能挖掘更多具有实践经验和创新思维的人才，从而获得人才储备，以促进企业的快速发展。

4. 优化教学资源配置

通过与企业合作，学校可以借助企业的实验设备和实训基地，为学生提供更丰富且真实的实践体验。学生可以在企业的实验室中进行实验操作，接触先进的技术和设备，从而提升自己的实践能力和专业素养。同时，企业的实训基地也可以为学生提供模拟实际工作环境的机会，让他们更好地适应职场的要求。与此同时，通过校企合作，学校可以充分利用企业的教学场地和资源，避免了自建或购置设备的巨大投资。学校可以将资源投入更有价值的领域，提升教学质量和学生的综合素养。而企业也可以通过与学校的合作，发挥自身资源的作用，提高自身的知名度和声誉。

优化教学资源配置不仅可以提升学生的学习体验和实践能力，也可以节约学校的资源投入和成本开支。通过与企业共享资源，学校可以实现资源的合理配置和有效利用，提高教育教学的效益和竞争力。与此同时，企业也能够与学校建立紧密的合作关系，共同培养具有实践经验和创新能力的人才，最终实现互利共赢的目标。

5. 提升教育质量

校企合作可以引入企业的优秀管理经验和专业人才，提升教师队伍的专业素养和教学水平。企业可以派遣具有丰富实践经验的专业人士担任教师或担任兼职指导员，为学生提供实际案例分析和实践操作的指导。这种实践导向的教学方式可以增加学生的学习动力和学习兴趣，提升教学效果和质量。

6. 引导科研方向

校企合作可以为学校的科研提供明确的方向和重点。企业的实际问题和需求可以成为学校科研的切入点和研究方向。学校可以与企业共同确定科研项目，针对企业的实际问题进行深入研究，提出解决方案和创新性的成果。这种紧密的合作关系将确保科研工作的实际意义和社会价值，同时也为学校的科研工作提供了更多的支持和资源。校企合作可以促进科研成果的转化和应用，企业的实际需求可以为科研提供市场导向和应用导向的指引。科研人员可以根据企业的需求开展研究，通过科技成果的转化和应用，为企业提供创新解决方案和技术支持。科研成果的转化不仅可以促进科学技术的进步，还可以带动产业的发展和创新能力的提升。

7. 促进区域经济发展

企业作为经济主体，对于人才的需求具有直接而深入的了解。通过与企业的合作，学校可以了解地方经济的发展趋势和需求，调整人才培养计划和课程设置，培养与地方经济需求相匹配的高素质人才。这种贴近实际需求的人才培养模式将为地方经济发展提供更加精准和有力的人才支持。校企合作还可以为学生提供实习和就业机会，促进人才流动和地方经济的人才储备。学生通过与企业的合作实习，可以深入了解地方经济的运作和需求，锻炼实践能力。而企业也可以从合作中发掘和吸纳优秀的人才，为自身的发展提供源源不断的人力资源支持。

（三）校企协同制定人才培养目标

在校企协同创新创业的环境中，高校和企业都是关键参与者，应共同参与人才培养目标的确立。企业期望获取符合长期发展策略的人才，因此需要把公司的未来发展目标与人才的精确培养定位相结合。在全球竞争不断升级的背景下，创新日益成为提升国家综合竞争力的关键元素。作为人才培养的主导力量，研究导向型的高校应肩负起培养创新人才的责任，与企业共建创新创业人才培养平台。相比之下，教学导向型的高校，其主要任务是培养本科生，重点在于培养具有实践能力的应用型人才。因此，教学导向型的高校应与企业合作，建立符合社会经济和企业发展需求，能够提升实践能力的人才培养机制。另外，兼具教学和研究功能的大学主要目标是培养本科生。具备优秀的学习能力、应用能力、实践能力以及创新能力的人才，是这类以教学和研究为导向的大学在人才培养方面的目标。

二、校企共建教学体系

实现人才培养的目标，依赖于健全的教学体系的支撑。然而，传统的教学体系经常面临一些困境，如课程内容无法快速适应社会经济的快速发展，教学方式缺乏有效的师生交流和互动，无法提供足够的实践机会给学生，以及不能满足社会发展的实际需求。在此背景下，高校与企业的紧密合作在教学体系建设上显得尤为关键。校企共建教学体系内容主要包括四点，如图 5-1 所示。

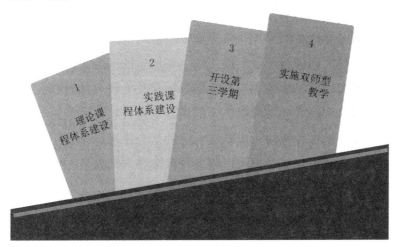

图 5-1　校企共建教学体系内容

（一）理论课程体系建设

理论课程应紧密跟随行业的发展趋势以及学术的最新成果，满足企业对新兴知识和技能的需求，同时也要充分满足高等教育课程体系的学术要求。在理论课程体系的建设过程中，需要确保课程内容的更新和完善。课程应反映学科的发展动态，以及企业和行业的需求变化。此外，理论课程还应具备前瞻性，为学生提供了解未来发展趋势和准备未来技能的机会。优化教学方法，以提高学生的理论学习效果。引入互动式教学方式，如翻转课堂、小组讨论等，提高学生的积极参与度。同时，对理论知识的学习和理解也可以通过案例教学、实验教学等方式来深化。理论课程的设计和实施应该注重培养学生的批判性思考能力和创新思维。课程应鼓励学生对理论知识进行深入探讨，有利于他们从不同的角度和层次去理解和应用知识。在这个过程中，高校和企业的合作至关重要。高校可以提供学术背景和教育资源，企业则可以提供行业经验和实际需求。

（二）实践课程体系建设

为了促进学生的实际操作技能和创新能力的发展，学校与企业应共同努力，构建实践课程体系，以便学生将所学的理论知识应用于现实环境中。企业可以将学生纳入与其发展目标相关的研究计划和主题，让他们在学校教师和企业相关专业人士的指导下进行项目研究。学校在设计与企业项目相关的课程时，应制定合适的学分要求以激励学生的参与意愿。另外，学校可以通过提供以服务社区为导向的课程，确保学生的专业知识与社会需求的一致性。

（三）开设第三学期

构建第三学期课程形式，为学生提供将所学的理论知识应用于实践场景中的机会。这种新的教学模式是在"3+1"或"3+2"教学方式的基础上建立的，现在只有少数民营高校采用。第三学期的设立并不影响前两个学期的课程计划，而是整合了前两个学期的部分课时。与前两个学期不同的是，第三学期的课程主要包括课程设计、综合实验以及专业实习等实践性的内容。第三学期课程的特点在于，允许学生将前两个学期的理论知识转化为实践，然后在实践中找出以前学习中存在的问题，并在接下来的学习中努力解决这些问题。随着社会经济需求的变化，第三学期的课程需要不断更新，并且要建立与前两个学期教学的联动机制。

实施第三学期的关键是规范的课程设置和充足的资金支持。这涉及实习地点、实习内容、考核标准等课程设计方面的考量。另外，因为指导老师在这个过程中起到关键作用，因此他们的收入应该得到适当的提高。此外，由于实践课程会增加设备的使用，学校应增加对设备维护的投入。图书馆、专业教室、宿舍和食堂的工作时间应根据学生的课程活动进行调整。学生在实习过程中的安全问题也需要得到全面和细致的管理。由于第三学期的教学模式与前两个学期有所不同，学校要科学地制定第三学期的评估体系。每个学校都有自身的特点，因此没有统一的第三学期开设标准。学校应根据自身的实际情况，制定符合自身发展的运行模式。

（四）实施双师型教学

"双师"指的是具有一定行业经验的专业教师和具有一定教学经验的企业导师，这种模式强调理论教学与实践教学的结合。这种模式能更好地桥接学校教育与企业实践，提升学生对于实际工作环境的理解，为未来就业做好准备。

在双师型教学模式中，专业教师是学生理论学习的主导者。他们不仅拥有深厚的学术功底，广博的专业知识，还通晓行业的最新动态和未来趋势。在教学过程中，专业教师精准地传授知识，解答疑惑，引导学生构建完整的理论知识体系。他们还负责深入讲解行业动态，分析行业发展趋势和挑战，使学生对所学专业有全面而深入的了解，提升其行业敏感度，为其未来职业规划提供方向。然而，理论学习只是基石，将理论知识应用于实际，解决实际问题，这需要企业导师的参与。企业导师是学生实习过程的重要引导者，他们用自身丰富的工作经验和行业视角，提供企业内部的观察和分析。他们在学生实习的过程中，不仅为学生展示如何将理论知识应用在实际工作中，更以实际操作，生动形象地展示了各种专业技能的应用，以及面对问题时的解决策略。这种以实际工作为引领的教学方式，使得学生能够在实际的工作环境中，体验和学习职场所需的技能，增强他们的职业素养和竞争力。

双师型教学模式的实施，需要学校与企业紧密合作，形成有效的联动机制。学校还需要定期与企业进行交流，了解行业需求，为课程设置提供指导。同时，企业需要向学校提供实习机会，并投入资源培养优秀的企业导师。

三、校企共同实施培养过程

（一）订单式培养

订单式培养模式是高等教育机构与企业的一种合作方式，以双方签署的雇佣合同为基础，集合学校的教学资源和企业的社会资源，共同参与并实施人才培养计划。在这个过程中，学生达到预定的培养标准后，企业将按照合同的条款安排学生就业。这种模式的一大优势是，在人才培养过程中，高校、学生和企业三者的地位是平等的，都能主动地发挥自身的作用。企业根据行业的发展趋势和自身的需求，制定具体的人才培养标准和需求量，并以订单的形式委托给学校。

订单式培养的形式大致有两种："一班一单"和"一班多单"。"一班一单"是一个企业针对职位需求，向学校提出一份"订单"，要求培养某个专业领域的人才，并且人才的数量足以构成一个完整的班级。这种方式有明确的专业定位和人才需求，可以有针对性地进行专业课程设置和教学计划，提高人才培养的精准性。而"一班多单"是指一个班级的学生可以满足多个企业的人才需求。这种情况下，学校要在课程设置和教学计划上做出相应调整，使学生能够掌握更多元化的知识和技能，增强其就业竞争力。多个企业的订单可能涵盖同一专业领域的不同职位，这就需要学校在培养计划中融入更多的实践环节和实战能力训练，让学生能够在毕业后迅速适应工作岗位。在"一班多单"模式中，学校和企业需要保持更紧密的沟通和协作。学校需要了解每个企业的具体需求，才能制定出符合多个企业需求的课程计划。同时，企业也需要提供实习机会和专业指导，帮助学生更好地理解和掌握工作中需要的专业知识和技能。

为了保证订单式培养的质量，学生可以自愿报名，经过筛选的学生组成班级，并在企业的实训基地接受培训。通过严格的考核，学生的专业技能得以提升，学生的素质更加符合企业的发展需要。实现这一目标，学校和企业之间的良好互动是必不可少的，包括招生、专业设定、岗位要求、教学内容与企业实际运营的匹配等方面，都需要在确定订单之前达成一致。此外，企业需要将长远的发展规划和需求明确地传达给学校，以避免培养过程中的偏差，提高培养效率，降低培养成本。

（二）校企教育资源共享

校企协作在教育资源共享方面发挥着至关重要的作用。通过协同努力，在校企协作模式下，学校和企业应致力于建立有效的沟通机制，整合和共享人才培养的资源，以提升资源的利用效率。企业的竞争优势和学校的科研实力，以及创新创业体系的构建，都离不开教育资源的共享。

实习平台通常由企业提供，而高校为企业提供技术研发的支持。以人才协同培养机制为基础，形成互利共赢的良性互动。这样的资源整合，不仅有助于创新创业协同机制的建设，还有利于满足社会对人才的需求。

共建实验室是学校和企业共享教育资源的另一种方式。在这种模式下，企业提供实验和实习所需的设备，学校则提供教学设施和教师团队。这种资源整合，可以提高资源的利用效率，降低培训成本，使人才培养和员工培训相结合。实验室的建设应以教学内容和学生能力为基础，满足不同需求，包括基础实验平台、综合应用实验室和创新研究实验室。各类实验室应针对不同阶段的学生，为他们提供相应的课程学习和科研创新实践的机会。实验室和实习基地在人才培养中的作用是巨大的，然而维护和更新实验室和实习基地的设备则需要大量投入。此时，学校可以通过提供技术服务和有偿服务，换取企业的实验设备资源，这样的合作可以有效解决设备维护和员工培训问题，从而创造双方共赢的局面。

（三）学校冠名企业

高校也可通过企业冠名的方式进行人才培养，这种做法有助于降低学生将理论应用于实践的难度，提升他们的实践和创新能力。在选择冠名企业时，学校应确保企业的业务活动和技术成熟度与学校的专业领域相匹配，因为这将直接影响冠名后的人才培养效果。一旦确定了冠名企业，学校应为企业提供科研技术支持，让企业成为学校发展的一部分。精准定义冠名企业的角色是校企协作和建立教学基地的关键。合作结构也是使冠名企业发挥效用的重要条件。培训委员会成员应由企业、行业协会、劳动部门、教育部门、高校等派出的代表组成。教师团队应强调沟通和协作，加强双师型教师教育模式的建立。如果学生人数足够大，还需要设立教学经理助理职位。

高校冠名企业的一个突出特点就是将企业的实际生产环境与教学环境相结合。实训基地融合了学校和企业的资源，为学生提供了实际的生产环境，也成为构建创新创业教育校企协同机制的载体。实践基地不仅将教学内容引入工厂，也让学生在企业环境中得到了锻炼。企业通过实训工厂提高了生产效率，降低了生产成本，而学校则通过实训工厂为企业培养了更多实用型人才，从而实现最终的教育目标。

四、改变校企双方传统的观念与文化

（一）转变校企双方的传统观念

高校和企业对于校企协同机制的理解存在分歧。通常，企业对此并不热衷，然而高校却持积极态度。造成这种情况的原因并不复杂。显然，追求更高利润是企业的重要目标，然而由于对校企协同的认识和理解的缺乏，企业往往认为高校应是人才培养的主要载体，而校企合作会增加企业的生产成本，不利于企业规模的扩大。在这种认知的影响下，企业便不太愿意积极参与校企协同机制的建设。而高校虽然对校企合作事务持积极态度，但是由于受传统教学理念的影响，仍然认为传统的课堂教学是培养人才的主要途径。这就导致企业在机制构建中的态度往往是被动的，而高校的教学模式也会缺乏创新。另外，虽然高校和企业承担的社会职责有所不同，但是从功能和作用上看，两者有很好的合作基础。高校为社会经济发展提供人才，而企业作为经济活动的主体，直接受益于高校的人才培养，从而获取更多的利润，为社会创造更多的价值。在校企合作中，高校应利用科研资源为企业发展提供技术研发支持。企业将高校提供的理论应用于实际生产，这也有助于提高产品竞争力。高校为企业提供人才和技术支持，企业为高校提供设备支持，这样可以降低培养成本，同时提高学生的专业技能。因此，校企双方都应更新传统观念，积极参与协同机制的建设。

（二）融合校企文化

对高校来说，首要的任务是探索并理解企业文化的重点：实效主义、创新精神和团队协作。实效主义是企业生存和发展的基础，这意味着所有的决策和行为都要以实际结果为导向。企业的创新精神体现在其不断探索新方法、新思路，寻求突破和改进。团队合作则体现在企业的日常运营中，强调协同工作和集体责任。同样，企业也需要理解高校文化的特性，在高校文化中，追求学术卓越是其核心，这体现在对知识的探索和对研究的深度投入上。高校鼓励自由思考，尊重学术自由和独立性，培养学生具备独立思考和解决问题的能力。高校鼓励探索未知，致力于推动知识边界的拓展。双方需要致力创造兼容并蓄的环境，鼓励双方的成员交流和分享彼此的经验和知识。这种互动不仅能帮助双方更深入地理解对方的文化，也有助于创新和改进教育和培训方法。为了实现真正的融合，双方都需作出努力，持续对各自的文化进行反思和调整，以满足对方的需求和期望。这有助于双方建立长久的合作关系，共同提升培养人才的效果。

在实施上述步骤的过程中，双方应始终保持开放和尊重的态度，尊重彼此的差异，并共同努力寻找适合的解决方案。只有这样，校企教育协同培养模式才能真正实现其预期的效果，并为社会培养出更多优秀的人才。

五、校企协同人才培养的评价标准

（一）知识方面的评价标准

基础知识的评估主要涉及学生对学科基本理论、原理和方法的掌握情况。这方面的知识是深入理解专业知识的基础，因此评价时需要考查学生的理解能力、分析能力和逻辑推理能力。此外，这部分知识还包括对学术道德和职业道德的理解与遵守，这对于学生日后进入职场具有重要作用。专业知识的评价则关注学生对具体专业知识和技能的掌握情况。这包括学生对专业理论的深度理解，对专业技能的掌握程度，以及他们如何将这些知识和技能应用于实际问题中。这方面的评价可以通过实验、实习或项目来考查学生的专业技能和实践能力。

（二）技能方面的评价标准

在技能方面，实践技能的评估核心在于检验学生在真实或模拟的环境中解决问题的能力。这包括他们在实验室中操作设备的能力，使用工具和材料解决具体问题的能力，以及对实际操作流程的理解和掌握。工程设计能力着重考查学生的创新思维和解决复杂工程问题的能力，比如他们是否能够结合理论知识，针对实际工程需求，设计出有效的解决方案。同时，工程设计还要求学生具备独立思考、批判性思维和解决复杂问题的能力。团队合作能力和交流沟通能力关注学生在团队中的协作态度，以及他们如何有效地与他人沟通，来表达自己的观点和需求。这包括他们在团队项目中的角色定位，如何与团队成员协作，解决团队内部的问题，以及如何有效地进行面对面或在线的沟通。自我管理和学习能力侧重于评估学生的自我激励、时间管理，以及他们对自我发展的规划。他们是否能够在学习和生活中自我调整，制订并实施有效的学习计划，是否有自我反思和自我改进的习惯。

（三）态度和价值观方面的评价标准

职业态度的评价重点在于评价学生在工作中的热情和专注度，是否能保持持久的工作热忱，以及他们在面对工作中的问题和挑战时是否保持坚持不懈的态度。这包括他们对待批评和建议的接受程度，能否采纳他人的意见进行自我改善。在道德观念方面，评价的重点在于学生是否明白并愿意遵守各项道德和职业规范。他们是否理解和尊重他人的权利和利益，是否能按照职业道德和规范行事。此外，他们对于商业道德，如诚实、透明度、公正和公平等基本原则的理解和尊重也是评价的重要内容。社会责任感的评价则聚焦在学生是否明白他们的行动对社会的影响。这包括他们是否有意识地关注和处理社会问题，是否愿意为社会的发展作出努力。对于公平、公正和诚信等基本价值观的理解和遵守，评价的重点在于学生是否理解价值观的含义，是否愿意将价值观当作行动的指南。例如，他们是否理解和尊重公平和公正的原则，是否有诚信行事的习惯。

第二节　众创空间教育模式

一、众创空间的内涵

众创空间又称创新型孵化器，具有较强的综合性，是一种综合性的新型创业公共服务平台。笔者在此从如下几点对众创空间进行介绍。

（一）文字式介绍

"众"是指参与的主体，即参与主体的多样性。"创"是具体的内容，包括各种创新性元素，比如创新人才、创新思维等。"空间"是载体，既为线上的空间，又是线下的平台。

（二）功能性介绍

以新型创业公共服务平台为辐射点，具有如下三方面特性：特性一，符合创新趋势，即与 2.0 时代的用户相贴合，与创新形式的多样性相协调（多样性创新包括群体性创新、协作性创新以及开放性创新）。特性二，符合当前实际。一方面指创客浪潮在世界范围内开展，另一方面指互联网技术的多维发展以及相应产品在各个领域的广泛运用，还指当前的大好环境，即知识社会创新 2.0 环境。特性三，兼顾当前有利条件以及符合未来发展方向。当前有利条件，其一是资本化途径以及专业化服务的升级，尤其是互联网在上述两个领域的有效运用；其二是现阶段社会主义市场经济体制的完善。未来发展方向是新型创业公共平台的特点，即开放性、全要素、便捷性、成本低。

（三）实用性介绍

首先，社会化力量的综合性运用。其次，各种有利条件的运用，比如各种示范区，即科技企业孵化器、应用创新园区、国家高新区、国家自主示范创新区。再次，多种方式的有效运用。多种形式的有效运用指投资与孵化相结合、线下与线上相结合、创业与创新相结合。最后，多种空间的有效运用。多种空间主要包括资源共享空间、社交共享空间、网络共享空间以及工作共享空间。

二、众创空间的特点

众创空间的特点如图 5-2 所示。

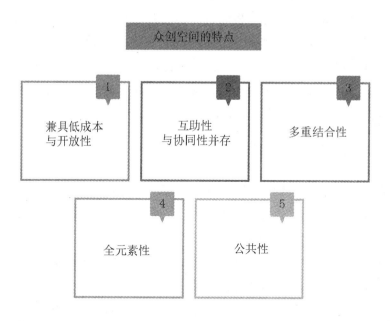

图 5-2　众创空间的特点

（一）兼具低成本与开放性

一方面，低成本体现在众创空间通常通过会员制度进行运营，而且会员费用相对较低，有些甚至对会员免费。这种模式减轻了创业者的经济负担，使得更多的人参与创新创业活动。同时，由于众创空间提供的资源和服务，如办公空间、设备、指导服务等，创业者能够以较低的成本获取，从而有更多的资金和精力投入创新创业的实践中去。另一方面，开放性是众创空间的另一大特点。众创空间通常向全社会开放，不论是大学生、职业人士，还是退休人员，只要有创新创业的意愿和计划，都可以进入众创空间。这种开放性的特点使得众创空间成为各类人才交流和思想碰撞的场所，从而创造更多新的创业项目和创新成果。

（二）互助性与协同性并存

互助性主要是指在众创空间中的人员可以针对相应的问题进行有针对性的探讨，实现在思想上相互启发，在思维方式上相互感染，最终解决问题的目的。协同性指的是众创空间负责人为了提升成员的协同性，以组织多种活动为手段，如大赛活动、培训活动、训练营活动、沙龙活动等，提升人们参与众创空间的积极性，使这些人员可以相互协作，共同处理同一个问题，促进他们在创新创业过程中的协同性。

（三）多重结合性

多重结合性主要包含如下几方面的内容：一是团队和人才的结合。人才只有融入团队才能发挥个人的力量，并在团队的影响下，激发个人的潜能，获得最大限度的成长。为此，众创空间负责人要重视人与人之间的协作性，最大限度地发挥协作性的作用。二是高效便捷性。众创空间负责人可以向会员提供相应的场地，组织各种相关的活动，为会员提供展示个人商品的平台，让他们分享产品的设计理念，即在新兴产业创新初期，通过多种平台，最大限度地打开销路，让企业存活下去。

（四）全元素性

全元素性是指在众创空间的设计和建设中，要考虑并充分满足各种不同元素的需求，包括材料、设备和设施等。众创空间的负责人，必须根据不同的众创主题，设计相应的硬件和软件条件，为众创空间的各项活动提供必要的设备基础。

材料是构建众创空间的重要元素之一。在实际材料的准备过程中，需要考虑材料的质量、可持续性和功能性。例如，选择环保材料来建造空间的结构，选择合适的装饰材料来营造舒适的氛围，以及提供充足的储存空间和展示区域等。合理地选择和运用材料可以提升众创空间的品质和吸引力。设备是支持众创空间活动的必备元素，根据众创主题和活动需求，必须提供适当的设备，如计算机、工作台、仪器设备等。这些设备的质量和性能直接影响众创活动的顺利进行和成果的取得。确保设备的完好运作和及时维护，可以提高众创空间的工作效率和创新能力。设施也是全元素性中不可忽视的一部分，设施包括空间的布局、灯光、通风、采光等方面的设计和规划。充足的空间和合理的布局可以使众创活动的环境更具灵活性和舒适性。同时，合适的灯光和通风系统也可以增加工作的舒适度。

（五）公共性

在资助方面，众创空间通常由政府或者非营利机构资助或者赞助。政府通过提供资金支持、税收优惠等方式鼓励大学生进行创新创业。非营利机构如社区团体、教育机构等，也会提供支持，比如提供场地、设备，或者专业的指导服务。在服务对象上，众创空间向所有人开放，而不仅仅是特定的企业或者个人。无论是初创企业，在校学生，还是已经工作但是有创业想法的人，都可以加入众创空间，利用共享的资源开展创新创业活动。在目标上，众创空间主要是推动社会经济的创新和发展。虽然许多参与者可能希望通过创新和创业获得经济收益，但是众创空间本身的目标并不是追求利润。相反，他们关注如何培养出更多的创新者，如何推动更多的创新项目，如何推动社会经济的持续发展。在价值观上，众创空间强调开放、共享和合作的精神，支持和鼓励参与者进行交流和合作，互相分享资源和知识，共同应对遇到的困难。

三、众创空间模式应用于新工科人才创新创业能力培养的重要性

（一）为创新创业教育发展指明了主体

众创空间强调由创业者主导的自主创新。在这样的环境中，学生可以更自由地发展个人创新创业项目，而不仅仅成为一些课程或者工程项目的执行者。这样的模式鼓励和支持学生积极参与，从而使得他们成为真正的主体。众创空间提供了真实的商业环境，不仅可以帮助他们将理论知识应用到实际中，更可以提高他们的商业敏感性，使得他们在未来的职业生涯中能够更好地把握市场动态和商业机会。众创空间通常具有跨领域、跨学科的特点，这为学生提供了更广阔的学习和交流空间。此外，众创空间也为学生提供了一系列的支持服务，如创业指导、资金支持、网络资源等。这些服务可以帮助学生解决创新创业过程中遇到的各种问题，减少他们的创业风险，从而使他们可以更加专注于自己的创业项目，提高创新创业的成功率。

（二）创新创业教育的内容更加明确，方式更加灵活

1. 众创空间模式有助于培养学生的实践能力

在这种模式下，学生可以直接参与创新创业项目，把理论知识应用于实践，而不仅仅是在教室里听教师讲解理论知识。学生在实践过程中有机会真正解决实际问题，这对于培养学生的实践能力具有重要作用。因为学生只有在面对真实的问题时，才能明白应该要如何去应用理论知识，同时，也能使学生发现自己在知识理解和应用上的不足，从而去补

充知识，提高技能。另外，通过参与创新创业项目，学生还可以发展团队协作能力、沟通能力等。这些能力对即将步入职场的大学生也是至关重要的。

2. 众创空间模式有助于培养学生的创新意识和创业精神

众创空间鼓励学生积极探索和试验，勇敢尝试新的想法和方法，这有助于培养他们的创新思维和创新能力。同时，众创空间也为学生提供了实现创业梦想的平台，让他们可以将自己的创新想法转化为创业项目，这无疑有利于激发他们的创业热情，培养他们的创业精神。

3. 众创空间模式使得创新创业的教育内容更加丰富、多元

在众创空间模式下，学生得到的不仅是创新创业的基础理论知识，更是全方位、多元化的教育体验。在这种环境下，学生能够接触到各种创新创业的实践活动，如项目孵化、产品开发、商业模式设计等，这些都为创新创业教育增添了丰富的实践色彩。比如，在项目孵化过程中，学生能亲身体验到创业项目从构思、策划到实施的全过程，了解创新创业的各个环节。实践经历能让学生更好地理解创新创业的整体过程，同时也能提升他们的实践操作能力和团队协作能力。在产品开发环节，学生可以亲手参与产品的设计、制作和测试，真正实现从理论到实践的转变。这种直接的实践经验可以帮助他们更好地理解产品开发的过程和原理，也可以提升他们的创新能力和解决问题的能力。在商业模式设计环节，学生能够了解并掌握商业模式的设计理念和方法，为自己未来的创新创业活动打下坚实的基础。他们还有机会尝试设计自己的商业模式，通过实践了解和掌握商业模式的运作原理和策略。

4. 众创空间模式促进了创新创业教育教学方法的改革

在这种模式下，教师不只是教学的主导者，还是学生创新创业活动的指导者和助手。教师通过与学生一起参与创新创业活动，帮助他们更好地理解和应用理论知识。引导式的教学方式鼓励学生主动探索，更加

注重实际操作和实践体验，让学生在实践中感受创新创业的乐趣和挑战。教师通过提供实际的案例和问题，引导学生进行独立思考，以提升他们的创新能力和解决问题的能力。情境式的教学方式不仅能激发学生的学习兴趣，也能提高他们的创新思维和实际操作能力。此外，及时的反馈和评价，帮助学生了解自己的学习进度和问题，调整自己的学习策略和方法。反馈式的教学方式可以让学生及时了解自己的学习情况，提升学生的自我调节和自主学习的能力。

四、众创空间教学模式在民族高校新工科人才创新创业能力培养中的应用对策

（一）实现教学平台的搭建

教学活动以怎样的形式开展必然会对教育质量造成直接影响。为此，在高校创新创业教育活动中，众创空间充分发挥作用的关键在于对教学形式进行丰富，运用现代技术实现教学形式的拓展自然成为关注的重点方向。在这里，搭建网络教学平台就成为一项重要任务，也是实现高校创新创业教育与现代技术对接的重要抓手，具体操作应体现在以下三个方面：

第一，开拓专属于众创空间的高校创新创业教育载体。毋庸置疑的是，随着网络信息技术的飞速发展，教育技术也在不断更新换代，众多功能强大的教育软件已经成为全面推进教育事业发展的中坚力量。因此，围绕众创空间的高度利用，选择适合高校创新创业教育教学工作的教育软件就成为提质增效的重要突破口。

第二，确立多样化的网络教学平台构建方向。就当前现有的高校网络教学载体来看，应用最为广泛且效果较为理想的教学载体有"双师课堂""大学慕课""翻转课堂"等，"教"与"学"的过程普遍以学生深度学习为中心，强调为学生提供最直接、最有力的指导和服务。因此，

就高校创新创业教育众创空间的有效利用而言，"双师课堂""大学慕课""翻转课堂"显然是网络教学平台构建的理想方向。

第三，建立高校创新创业教育众创空间教学平台。在围绕众创空间的有效利用明确高校创新创业教育网络教学平台构建的大方向的基础上，要明确"双师课堂"和"翻转课堂"的运作流程，以及"慕课"计划与活动安排，使众创空间网络教学平台具备种类多样、便捷程度高、实用性强的特点，这样才能更好地为高校大学生创新创业意识、思维、能力的发展和提升提供服务。

（二）围绕高校创新创业教育校本教材开展学术探究

1. 立足众创空间开发创新创业教育校本教材

教材作为教学内容的基本载体，是教育教学活动中教育信息的重要集合，所以课程建设必须重视教材的研发，高校创新创业教育校本课程建设与发展更是如此。立足高校众创空间建设情况和发展目标，将成功的众创空间实践案例作为创新创业校本课程教材研发的重要依据，由此打造特色鲜明、适用程度高、应用价值显著的高校创新创业教育校本教材。

2. 结合校本教材组织专业教育和创新创业教育工作者开展学术研讨

学术研讨是教育发展的重要推动力，高校在创新创业教育发展的过程中，立足高校实际情况，深入贯彻专业教育和创新创业教育高度融合的教育发展理念，积极开展深层次学术研讨活动。依托高校众创空间所打造的校本课程教材，结合内容组织专业教育和创新创业教育工作者共同开展学术研讨会，确保教材的目标与内容具有较高的适用性和实效性。

（三）实现高校创新创业教育"实体化"

高校创新创业教育活动的全面开展，最终的指向显然在于学生自主进行创新创业项目的准确选择，把握创新创业的时机，进行创新创业项目实施方案的有效构建，创新创业项目实践路径的合理制定，对创新创业行动策略进行完善。

1. 资金扶持政策

教师队伍成功转型必然以充足的资金作为前提，组织培训、学习、交流、科研、实践活动都需要充足的经费，所以高校创新创业教育打造专业化的导师团队就必须有资金扶持和政策的支持，做到专款专用、责任到人。

2. 突出贡献补贴政策

突出贡献补贴政策作为一种激励机制，可以有效地推动创新创业教育教师团队的构建与发展。这项政策的核心在于通过物质奖励，鼓励在创新创业教育中做出卓越贡献的教师。教师是创新创业教育的主要执行者，他们的敬业精神和专业技能对教育质量产生直接影响。因此，在教学、研究、指导学生等方面做出突出贡献的教师应该得到相应的补贴，这样可以提高他们的满意度和自我认同感，激励他们在未来持续努力，为创新创业教育的发展做出更大的贡献。优秀的教师队伍是创新创业教育成功的关键因素。因此，通过提供丰厚的补贴，可以吸引更多优秀的教师参与创新创业教育，从而提高教育质量，培养更多的创新型人才。这种政策有助于教师间形成良性竞争，激励教师不断提高专业水平，从而促进整个教师团队的专业成长。

3. 人才和创业团队引进政策

众所周知，高校创新创业教育发展过程中，教师队伍建设向专业化的导师型团队迈进需要"引进来"和"走出去"。"引进来"就是要将更多高质量创业团队引入学校，成为众创空间的一员，成为组织开展在校创新创业教师专业化培训的中坚力量。"走出去"则是要通过众创空间确保在校创新创业教师与校外创业团队、创新型企业之间形成创想沟通和交流，从而确保在校创新创业教师不仅具备扎实的理论教学功底，更具备极为突出的实践指导能力。因此，高质量的人才和创业团队引进政策自然成为打造专业化导师团队极为重要的政策保障。

第三节　"四维联动"模式

大学生创新创业教育"四维联动"模式包括学院内涵发展、导师队伍建设、创新创业基金运作和创新创业平台建设。"四维联动"模式，以内涵发展为引领，以创新创业导师队伍建设为基础，以创新创业基金运作为保障，以创新创业平台建设为支撑。

一、以内涵发展为引领，进行人才培养模式改革

在现行的人才培养模式中，我们通常按照预设的培养计划，通过对目标、方法和流程的管理，使学生掌握基础的专业知识。在倡导"宽口径""大教育"的同时，人才培养模式出现了同质化现象，显然已经无法满足现代社会经济的快速发展，尤其是行业对人才的需求。在面向高质量发展转变的过程中，高校必须将提升人才培养质量作为核心，以增强科技创新能力为关键，彰显学科特色优势，始终围绕培养"基础扎实、创新能力强、综合素质高的复合型人才"的目标。在创新创业教育的课程设计和教学内容上下功夫，深化教育体制改革，提升教学质量，为社会发展培养紧缺的应用型人才。在推动创新创业教育的人才培养模式改革的过程中，完善课程体系是关键。课程建设和教学模式是推动创新创业发展的有效手段。因此，高校首先应加强创新创业教学课程体系的建设，结合高校的专业特色，优化创新创业培养方案，构建创新创业课程体系。优化创新创业教学内容，根据大学生的不同学科背景，按照年级和兴趣设定多样化、个性化的教学内容，从而实现因材施教。当然，在

重视学生专业知识的同时，应增强他们的人文素养，真正做到内外兼修。注重教学评估，借鉴其他专业课的成熟评估方法，对大学生的创新创业教育课程进行评估，从而促进教学质量的提升。

将创新创业能力的提升、创新素质的培养等课程模块嵌入到课程体系中，结合多元化、开放性的实践课程，通过个人项目课程和集体专题活动课程，进行分层次教学，满足不同层级学生的需求。将传统的理论导向教学转变为"教学与实践相结合"的模式，将创新创业教育纳入教学计划，构建以素质教育为核心，以培养创新精神和实践能力为目标的人才培养模式。调整和优化人才培养计划，设立跨学科、跨专业的创业课程；以基础课程体系为依托，设立全校性的创新创业选修课程；以大学生的职业生涯规划和就业指导为重点，开设以成功校友案例为主题的"人文大讲堂"和个人创业优势分析的励志课程。

在培养过程和环节上，应尊重每个学生的个性，因材施教。课堂教学与实践活动应相辅相成，以丰富学生的创新创业知识，培养学生的创新创业能力。拓宽学生在创新创业方面所需的知识视野。创新创业能力是人文素养、科学素养和心理素质的综合体现，因此，不能忽视基础教育和专业知识教育的重要性。教学应以讨论交流式的方法呈现，"师生共创"的教学方式，充分利用教师的引导作用和学生的主创作用，教师带领学生进入学习的门槛，而真正的修行还需要学生自己去探索和实践。建立模块化的课程体系，引进和学习国外优秀的创业教育课程，在课程设计上结合专业特色和就业需求，开发适应不同层次，具有操作性的模块化课程，为拥有创业能力和创新精神的学生提供综合课程的学习机会，逐步帮助学生形成创业思维。模块化的课程体系有利于教师在教学过程中根据学生的特点和教学需求调整教学顺序，调整课程模块的组合，实现教与学的有机结合。

二、以导师队伍建设为基础，打造"工程化"教师队伍

高等教育机构中的教师在知识传授和学生技能培养中扮演着至关重要的角色。因此，只有教师自身拥有良好的创新创业思维和能力，才能培养出具备创新创业思维和能力的学生。现在，高校的创新创业课程大多由行政人员兼任，他们同时还要处理自己的工作，导致课程体系零碎、教学主题无序、授课方式不连贯等问题。

建设优秀的教师队伍是开展创新创业教育的基石。当前的高等教育需要面对"全体学生的共性需求""大部分学生的个性需求"以及"少数学生的特长发展需求"多极化的现象，因此，教师队伍需要进行层次化和专业化建设。特别是在工科领域，拥有"工程化"的教师队伍是实现创新创业人才培养目标的关键。

产学研一体化的协同创新模式成功地将"学校的科研思维"和"企业的生产思维"紧密地结合起来，从而更好地为创新创业教育打造具备"教师＋工程师"素质的教师队伍。强化校企合作，设立创业园、高新技术产业集群等实际项目，激励教师参与实践。教师可以通过深入一线进行实习或在企业兼职来积累创业经验。同时，高校可以利用社会资源，吸纳有创业经验和学术背景的社会人士进行兼职教学，邀请企业家、成功的创业校友担任客座教授，通过举办学术报告、参与案例讨论、开设创业讲堂、担任学校创业大赛评委等方式参与学校的创业教育项目，给学生提供直接的交流和指导。

三、以基金运作为保障，完善创新创业教育服务体系

大学生创新创业基金的主要来源有政府资助、财政补助、企业风险投资、社会捐赠和学校的特殊资金支持。成立全面的大学生创新创业基金，设立相关的基金管理委员会和评估委员会，委员会将审核并对学生创业项目进行资助，提出创新创业项目的资金申报计划，通过完善的考

核机制如项目的中期检查、项目结项审查、项目成果认证等，来确保项目基金的运营。从科技成果转化的收益中抽取一定的比例作为后续基金的来源；同时，也可以加强与企业的合作，建立健全的投融资体系。优化大学生创业服务机构，建立中介服务和企业融资平台，提供小额贷款担保支持；充分利用政府的扶持政策，为大学生创业提供信用担保和金融咨询服务；为大学生创业企业提供免费的劳动保障和人力资源代理服务，实施相关的社会保险补贴政策、税费减免等优惠政策，以及建立相应的竞争机制、约束机制、协调机制和激励机制。

四、以平台建设为支撑，营造创新创业特色校园文化

构建以创新创业为中心的教育平台，包括课程平台、实践平台、竞赛平台和以创新创业为主题的校园文化活动平台，以资源共享、教育合作和能力进步为特点，推动学生的创新创业素质和能力的螺旋式提升。创新创业课程平台专注于培养创业能力和创新思维，提供创新创业知识和技能模块化的课程，包括创新方法、创新计划，以及管理、市场营销、财务、法律、公关、社交礼仪等方面的知识。实践平台通过创业园区、高新技术产业集群区域和校企合作基地，建立长期资助和孵化机制，推动产学研一体化。创新创业竞赛平台主要鼓励学生参与各种学校内的创新创业设计比赛，如"挑战杯"创业计划大赛、发明制作比赛、"科技园杯"科技竞赛、数学建模竞赛等促进学习和交流。同时，建立以创新创业为特色的校园文化平台，设立相关的大学生创新创业社团，定期组织"创业"论坛、学术报告、"校友创业"经验分享会等活动，强化学生实事求是的精神、团队合作的精神和爱岗敬业的精神，从而营造活跃的创新创业文化氛围。

在建立良好的创新创业平台的同时，还要重视对大学生设计、发明、竞赛等活动的经验和成果的总结和分享，大力宣扬获得"五四"青年奖章的优秀创业案例。为有创新创业梦想的学生提供平台和榜样、指明道

路，真正做到"拉一手、扶一把、送一程"，为大学生的创新创业创造良好的环境。

"四维协同"模式是基于大学生创新创业教育的需求，强调教学模式的改革和创新，开发适应大学生创新素质培养的课程体系，通过教师培训和校企合作，强化创新创业导师团队的建设，设立创新创业教育发展基金，利用课程平台、实践平台、竞赛平台和校园文化平台，推动创新创业教育与专业教育的整合，激发学生的学习积极性、主动性和创造性，引发学生的创新思维和创业意识，提升学生的创新创业能力。学界虽然对创新创业教育的讨论和研究有很多，但是不同专业和不同学科背景的创新创业教育应与高校的特色相一致。

"四维协同"模式的执行需要一个灵活、高效、效果显著的创新创业教育架构，进一步融合创新创业教育资源，开设将创新创业教育和素质教育、专业教育融合在一起的独特专业，推行人才培养模式的改革，创新课程体系和教学方式；营造良好的创新创业氛围，组建相关的"工程化"导师团队，要求他们不仅要具备优秀的教学研究素养和创新精神，还应具备丰富的创业指导技能和实践能力；激发大学生的创新能力，积极开展创业教育活动，燃起学生的创业热忱，创建创新创业课程平台、竞赛平台、实践平台、校园文化平台；动员社会各方积极参与，设立与创新创业教育相配套的资助系统。强调政府教育部门的主导角色，加强校企合作，创建校企双方共同参与的创业园区、高新产业集聚区等人才孵化基地，使得创新创业教育体系在课程模块化、师资队伍"工程化"、平台建设多元化、产学研一体化等方面显现出其独特性。"四维协同"模式不同于传统的高等教育模式，涵盖了多方的动态开放互动，主动参与而非被动配合，调动各方的优势资源，形成最大的合力来推动创新创业教育，形成创新创业教育、专业教育、素质教育的横向联合教育。这种模式的全局特点表现为全方位、多通道和立体化，为高校创新创业教育的实施和学生综合素质的提高提供了基础。

第四节 "项目驱动，硕本协同"模式

此教学模式以青海民族大学电子信息类"双创"人才培养为例进行介绍。

一、项目驱动的目标

项目以企业人才需求为中心，以通信行业发展为导向，以现有师资和实践条件为起点，结合地方优势创新领域，进行地方科技资源整合与共享，研究适合于区域民族高校创新型实践教学模式，建设以理论研究为基础，产学研一体化的创新实践基地和育人环境；探索一套理论与实践有机结合，适用于区域民族高校应用转型的通信工程专业的创新型实践课程体系架构，提高创新型实践课程的质量和效果，提高少数民族学生的创新应用能力，培养通信行业创新型少数民族人才。

二、"项目驱动，硕本协同"模式的实施步骤

第一，对当前通信行业人才需求，创新型实践教学现状进行调研，根据调研结果和学院的实际情况，制定适用于区域民族高校通信工程专业的创新型实践教学改革方案。

第二，在"互联网+"信息时代，充分利用计算机处理信息的能力，加强建设科技资源的共享平台，由教师、企业人员和学生共同搭建适用于区域民族高校创新型人才培养的通信技术创新实训平台。

第三，进行通信技术创新实训教学体系架构的研究；分析单一通信设备实践教学存在的问题，对实践教学内容进行创新，实践教学方法进行改革，实践教材进行更新；构建一套适用于地方民族高校创新型人才

培养的通信技术创新实践教学模式。

第四，通过教学实践，验证该模式的功能和效果，使之进一步系统化、规范化和完善化。

第五，最终拟形成一个适合于地方民族高校通信工程本科专业的创新型实训教学模式；培养与企业"无缝"对接的通信技术创新型人才，拟实现毕业生零距离上岗。具体技术路线如图 5-3 所示。

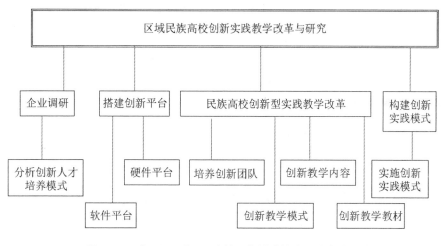

图 5-3　"项目驱动，硕本协同"模式的应用技术路线

三、"项目驱动，硕本协同"模式的应用方法

（一）以立德树人为本位，思创融合

明确导师为第一责任人，构建由校领导、院领导、职能部门负责人、校外实务导师、硕导、任课教师、班主任、辅导员组成的全员育人团队，以思想政治教育为纲，以创新创业教育为载体，以落实立德树人为根本任务，共建"现代信号处理技术"等课程思政示范项目，成立物电学院课程思政教学团队，制定"一院一品"，"一人一策"德智体美劳培养方案，开展研究生学科论坛，形成良好的思创融合的工作基础和协同机制，

形成"创新创业技能＋社会主义核心价值观＋职业素养＋社会责任感＋……"的"1+N"教育氛围。

（二）以项目驱动为主导，产教融合、科教融合，校地校企协同

鼓励研究生进入科研团队、平台、项目，参加学术论坛、学术报告及学科竞赛，从而培养研究生的知识创新能力和创新实践能力；引导行业企业深度参与研究生培养的全过程，遴选实务导师，推进校企、校地协同育人，建设"产教融合研究生联合培养基地"，以产学研用合作模式，与青海省通信管理局、青海移动、青海电信等企业校企合作，建立了10余家校企合作实践基地，形成协同育人模式，开展研究生创新创业教育，提升研究生实践创新能力，加强职业规划服务，开展就业创业"一把手"工程，促进研究生高质量就业创业。

（三）硕本协同，学科竞赛引领，对口支援协同

硕本协同助研计划，研究生分享考研经验，助力本科生解决考研面临的各种问题，硕本协同支部融合，发挥朋辈教育力量，发挥党员先锋模范作用，增强支部凝聚力，硕本共建全国红旗样板支部一个；硕本协同共同申报创新创业项目，参与导师课题，学科竞赛引领，提升创新实践能力；对口支援高校协同，全面修订培养方案，创新教学方法，实施育人引才工程，柔性引进学科带头人，建设高水平导师队伍，联合培养高层次人才，定向或委托培养报考对口支援高校博士研究生，以"2+1"等形式，为青海民族大学培养师资，遴选优秀本科学生联合培养研究生，提高学校的研究生培养水平，服务地方经济发展和教育事业。

四、"项目驱动，硕本协同"模式应用成果

（一）面向区域，扎根青海的办学理念

民族高校学生来源广，成绩差异大，学生在发展方向和发展程度上存在差异。青海民族大学依托省级重点实验室、国家级示范中心，以立德树人、服务需求、提高质量、追求一流为主线，面向区域经济社会发展主战场、面向人民群众新需求、面向国家治理大战略，坚持育人为本，以研究生德智体美劳全面发展为中心，把立德树人成效作为检验研究生教育工作的根本标准；坚持需求导向，扎根青海大地，全面提升研究生教育服务国家和区域发展能力；坚持创新引领，增强研究生使命感责任感，全面提升研究生知识创新和实践创新能力。

（二）优化学科建设布局，发展研究生教育

不断优化调整学科布局结构，按照"强文、优理、精工、兴师范"的学科建设思路，大力发展与国家及区域战略相匹配、相适应，切实服务区域经济社会发展需求的学科，根据区域经济社会发展需求和学校服务青海及民族地区的办学定位，2020 年申报了电子信息类等 15 个专业硕士学位点并获批，扩大了研究生培养规模。

（三）实施育才引才工程，加强师资队伍建设

借助省内外兄弟高校、对口支援高校力量，抢抓兰西城市群建设、振兴中西部高等教育机遇，广泛引才育才，建设高水平导师队伍；建立导师培训长效机制，校级专项培训、院级学科培训、教师团队培训三级导师常态化分类培训，以导师团队之形式培育中青年导师后备力量；完善导师激励机制，建设导师工作室，创造氛围良好的导师教育指导空间，提升育人成效；制定导师岗位管理制度办法，实行导师招生资格年审制，进一步打破导师终身制，不断增强导师的岗位意识。

（四）对口支援协同，创新人才培养模式

突破传统人才培养模式，形成"一本位、一驱动、两引领、三融合、三协同"的"11233"的培养模式，改变电子信息类高层次人才培养脱离行业需求、培养人才学非所用的现实，调动企业参与人才培养的积极性，企业深度参与人才培养全过程。

充分利用企业资源，以"双创"能力培养为主线，深化教学改革，将"双创"能力培养融入整个教学过程中，将职业资格培训内容融入课程体系中，坚持理论与实践合一，提高人才创业能力。

构建由校领导、学院领导、专业导师、行业企业实务导师、任课教师的全员育人团队，确定培养目标、制定培养方案、确定课程体系，创新教学方法，推进校内外实践基地建设、对口支援联合培养，共同指导学生创新创业环节实施，积极开展"双创"教育，参与创新项目，参加学科竞赛，参加科研训练，提高学生创新创业能力。

（五）校地校企协同，共建实践基地

实践基地有企业实训基地和校内实训基地。校内实训基地有学校主导的实训基地和企业主导的实训基地及共建共享型实训基地。不同形式的培训基地优势互补，不可替代。加强创新创业实践平台建设，设立多个研究生工作站、专家工作室和校企联合的实践基地，形成了校企投资共建、优势互补、资源共享、共同发展的良好局面。按照行业企业实际岗位职能的划分，制定切实可行的学生实践方案，严格实施实践过程管理和生产过程管理，使人才培养规格与市场人才需求标准接轨。同时，加强实习实践体系的内涵建设，使之成为教师挂职学习基地、学生实习实践基地、校企合作科研基地、学生就业基地的四合一校外人才培养实践平台。

五、"项目驱动，硕本协同"模式推广应用效果

（一）人才培养模式被高度认可

本成果在西南民族大学、西北民族大学等兄弟院校得到了较好的推广和应用，相关电子信息类专业借鉴该成果"项目驱动，硕本协同"的人才培养模式，开展实习实践，创新创业，取得了初步成效。此外，该成果在 2019 年国家民委教学成果汇报会上做经验分享和推广，得到了专家和地方民族高校的高度肯定，教学评估为 A 等。

（二）学生"双创"能力提升在学科竞赛中成效显著

根据学生兴趣和导师研究方向，设立专家工作室，组建科研训练团队，建设 200 个项目训练库，在导师的指导下，通过研究生带动本科生的方式，培养学生的团队精神和创新意识。通过训练，学生在全国大学生电子设计竞赛、全国研究生电子大赛、中国国际互联网＋创新创业大赛、研究生创新创业大赛、挑战杯等学科竞赛中获奖 80 余项，其中中国国际"互联网＋"创新创业大赛多次获得全国银奖铜奖，使学生的"双创"能力得到了有效提升。

（三）创新创业孵化基地助力创业就业

本成果推动了青海民族大学电子信息类"双创"人才培养模式的改革，在民族高校中具有重要的推广价值。相关工作获教育部首批新工科项目《民族院校新工科协同育人模式改革与实践》等教学改革项目资助 30 余项，获《"立德树人"理念下培养民族高校新工科人才工程素养的教育教学实践》等教学成果奖 40 余项，发表《民族类院校大学生创新创业教育研究》等优秀论文 10 余篇；建立研究生工作站及实践基地 10 余个，获批国家自然科学基金项目《高原环境下 5G 射频封装芯片可靠性设计与优化研究》等 10 余项，学生科技创新项目 70 余项，为项目驱动

的培养模式建立了高质量的科研平台；学生发表论文 40 余篇，专利 10 余项，学科竞赛获奖 80 余项，其中在中国国际"互联网 +"创新创业大赛中获银奖，硕本协同，学生的"双创"能力得到显著提升，从而为学生以后的创新就业提供助力。

第六章 民族高校新工科人才创新创业能力培养的对策

第一节 完善创新创业教育协同机制

一、质量管理保障体系

（一）创新创业教育教学组织评估

评估高校创新创业教育的组织状态主要涉及对学校对创新创业教育的关注度和各项投入的考察。审视学校的创新创业教育教学组织情况是促进教育改革和提升教育质量的基础。创新创业教育教学评估的关键在于选取科学的评估标准，通常从投入、过程和结果这三个方面来设定评估标准。投入的评估标准主要涵盖创新创业教育各方面的投入情况，包括政策保障、教师队伍投入、资金投入、管理人员投入以及基础设施投入等；过程的评估标准主要关注创新创业教育的具体课程设置、教学方式、教学服务保障以及组织管理等；结果的评估标准主要考查学生的理论学习成绩、能力状态、实践技能等。由于对高等教育机构创新创业教育的组织状况的评估主要集中于审查学校对创新创业教育的关注程度和投入，因此本书选择了以下几个评估标准。

1. 政策保障

高校对创新创业教育提供行政和学术支持。例如，高校是否设立由领导参与的创新创业教育领导小组，以处理相关工作，以及是否为创新创业教育学术研究建立激励机制，组成专家小组，以提升教学质量提供政策支撑。

2. 教师队伍投入

对于教师队伍投入的评估，首先要考察高校创新创业教育专职与兼职教师的规模。教师的数量反映了学校对创新创业教育的资源配置，如何在保证教学质量的前提下，拓宽创新创业教育的覆盖面。适量的专职和兼职教师数量能够保证学生在课程学习和实践活动中得到充分的指导和帮助。此外，教师的整体水平同样重要。优秀教师的比例可以体现学校教师队伍的整体实力和教育水平。优秀教师可以指具有博士学历的教师和担任正副教授职务的教师。博士学历的教师通常有更深厚的学术背景和研究能力，能够在理论教学中为学生提供更深入的知识讲解。而正副教授则通常有丰富的教学经验和实践能力，他们能够将理论和实践相结合，引导学生进行实践操作，培养他们的创新创业能力。所以，这两类教师在创新创业教育中都发挥着至关重要的作用，在所有教师中所占的比例可以作为评估教师投入质量的重要指标。

3. 资金投入

资金支持对于创新创业教育的发展具有决定性的影响，包括创新创业教育基础研究的投入，以及创新创业实践活动的资金支持。基础研究资金是用于推动创新创业理论的深化和拓展，这有助于不断优化和更新教育内容，保持教育的前沿性。而教学活动资金则是保证教育实践的有效进行，例如，组织创新创业比赛、启动学生创业项目等，这有助于学生将所学理论知识转化为实际创新创业能力。此外，对于优秀学生的资金支持也是必不可少的，包括为他们参加创业实践比赛提供的费用补贴，以及对他们创业项目研究的资金支援。这种形式的资金支持可以使更多的学生有机会投身创新创业实践活动中去，从而形成良好的创新创业教育氛围，并不断提升学生的实践技能和创新能力。

4. 管理人员投入

在人员投入方面，创新创业教育除了教师队伍以外，还包括一大批负责相关行政管理和服务工作的人员。他们的工作内容丰富多样，包括组织和管理创新创业活动、提供学生创业指导和服务、协调创新创业资源等。人员的投入情况，反映了高校对创新创业教育的行政支持和服务保障程度。评估这一方面，主要看高校是否设有专门负责创新创业教育的机构，以及这些机构的人员规模，是否有足够的管理人员负责创新创业教育的相关工作。这是评估高校创新创业教育组织状况的重要指标之一。

5. 基地建设投入

基地建设是创新创业教育体系的重要组成部分，主要包括理论研究基地和实践锻炼基地两个方面。理论研究基地提供学生学习理论知识的环境，是培养学生理论研究能力的重要平台；实践锻炼基地则提供给有创业意愿的学生实践锻炼的机会，是培养学生实践能力和创新精神的重要场所。基地建设投入反映了高校对创新创业教育的支持力度和层次。评估指标包括软硬件设施的投入，如基地配备的教师、基地的数量以及可容纳的学生人数等。

6. 教育课程安排

教育课程安排包含显性课程和隐性课程两大部分。显性课程是围绕创新创业理论知识、创业技能要求及现代创业环境等内容构建的正规课程。隐性课程则以课外环境和学校文化为载体，培养学生的综合素质和身心健康。这种教育方式不依赖传统的课堂教学，而是借助各类课外活动，如创新实践比赛、社团组织参与和实践锻炼等，使学生在轻松愉快的环境中丰富创新创业知识，提高创新创业实践能力。

7. 教学方法

创新创业教育需要采用多种教学方法，包括将理论教学与实践教学相结合。案例教学法使学生在理论知识的基础上，对创新创业有更深入的理解和实践。此外，研究型教学法和启发式教学法，不仅能让学生主动探索创新创业的理论和实践，也能够激发他们的创新思维和创业热情，促使他们积极投身创新创业实践，从而实现从教学目标到教学成效的转化。

8. 服务保障

从服务保障的角度讲，精细化的创新创业教育体现在全面的服务保障体系上。服务保障体系应包括三大核心组成部分：首先，成立大学生创新创业辅导服务中心。服务中心提供资金、空间和人力等必要的创业支持，同时促进学生与企业的互动。因此，高校需根据自身具体情况设立相应的创新创业辅导服务机构，为学生和创新项目提供一对一服务和实时指导，密切关注他们的发展方向，帮创业者分析问题并寻找解决方案，激发他们的创业热情。其次，注重创新创业教育实践基地的建立。高校应设立让学生将创新创业的理念付诸实践的场所，打造设施完备的实践基地。基地建立之后，最大化其实践功能，并逐步完善其管理体系。最后，构建创新创业教育的信息化服务平台。学校应利用网络和图书馆强大的信息传播功能，设立专门创新创业教育书架，并且实时更新创新创业类的文献资源。此外，搭建在线信息服务平台，让高校师生能够更便捷地获取最新的创新创业政策、相关讲座、典型案例、实践企业等资源，最大限度地发挥图书馆和网络的学习功能。

（二）创新创业教育教学效果评估

创新创业教育的主旨是帮助大学生提升创新创业的意识和技能，倡导正确的价值观并鼓励他们主动尝试各行业的创新创业。增强学生的创新创业意识和提升创新创业技能是教育目标的核心。教学活动实现教育所要求的程度，即构成了大学创新创业教育的教学效果。简而言之，衡量教学效果就是评定接受过创新创业教育的学生在创新创业意识、积极性和能力上是否优于未参与训练的学生。因此，大学创新创业教育的教学效果必须与创新创业教育目标相符。直接评估大学生的创新创业意识和能力可能较为困难，为了更科学、合理地评估这两个因素，本书引入了创新创业意愿和创新创业自我效能感这两个概念。创新创业意愿代表学生对创新创业的想法和态度，体现了他们对创新创业的热情。高校创新创业教育旨在培养学生树立正确的价值观，提高他们参与创新创业活动的信心。创新创业教育在讲授理论知识的同时，也需要丰富教学方式和更新教学方法，扩展学生的思维视野，提高他们的创新创业意愿，培养他们的创新思维和主动意识。对每个学生来说，独立创新创业的意识有助于形成独立、创新的思维，明确他们的主体地位，激发他们的内在潜能，提升他们的个人主动性和个人价值，从而使他们获得显著的进步和发展。创新创业自我效能感指个人对自己能否达成创新创业目标的判断，反映个人对自己创新创业能力的认可程度。可以问卷形式来测量个人的创新创业意愿和创新创业自我效能感，以此评估创新创业教育教学的效果。对参与过创新创业教育的学生的测量结果进行性别、年龄等基本变量的差异分析，探索不同年级、年龄、家庭环境和背景、专业、性别等学生在创新创业教育课程中的学习状态，为不同的学生制定不同的创新创业教育策略，提升创新创业教学的质量。

二、制度环境保障

（一）高校创新创业教育环境的作用

良好的高校创新创业教育环境在推动创新创业教育顺利开展方面发挥着重要作用，其作用可以总结为三点，如图 6-1 所示。

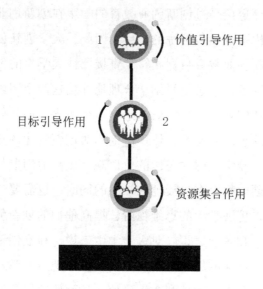

1 价值引导作用

目标引导作用 2

资源集合作用

图 6-1　高校创新创业教育环境的作用

1. 价值引导作用

创新创业教育的核心理念是鼓励和培养学生独立思考、勇于创新和积极创业的精神。这些理念的灌输和引导，有助于学生树立正确的创新创业观，形成积极、向上的创新创业心态，培养坚韧不拔、敢于追求梦想的创业精神。价值引导还在学生的道德教育和个性发展方面发挥着关键作用。创新创业教育不仅强调知识和技能的积累，更注重培养学生的道德品质和社会责任感。正直、公正、诚实和信任等价值观的引导，使学生在创新创业过程中不仅能追求个人的发展和成功，同时也能关注社会的公益和责任。高校应积极引导和培养学生形成创新、执着、敬业、合作等优秀品质，激发学生的创新创业热情，培养学生的创新创业能力。

2.目标引导作用

目标导向性是教育环境的显著特点，这透过学校的宣导、组织活动、设立规章和校训等方式展现出来。教育环境具有强烈的目标导向性，能对全体师生产生引导作用。在这样的环境下，教职员工和学生更可能将学校的发展目标和个人的学习目标紧密相连。将创新创业教育的理念融入学校的目标导向中，可以逐步引导全校师生将他们的个人目标与学校的目标对齐，进一步激发教师在创新创业教育中的教学热情和学生的学习热情。

3.资源集合作用

资源集合作用，进一步增强创新创业教育环境的影响力和重要性。高校领导、管理者、教师和学生主动参与创新创业教育，他们为创新创业教育的顺利开展提供必要的物质资源和人力资源，这是创新创业教育的各个环节能够稳定进行的关键。此外，高校创新创业教育环境的资源集合作用有助于推动校园文化的发展，增强学生的创新意识和创业精神，从而提高创新创业教育的整体效果。在这个过程中，高校领导、管理者和教师不仅在教学活动中发挥重要作用，也在物质资源和人力资源的集合中起到关键的推动作用。

（二）高校创新创业教育的生态学分析

高等教育机构的创新创业教育环境是一个复杂系统，包括物质和精神两个维度。这个环境能影响所有参与者，包括教师和学生，以及教学内容、方式、方法和过程等多个方面。考虑到这种环境的多元性和复杂性，本书借鉴环境生态学的相关概念，将创新创业教育环境视为一个内外部因素相互影响的生态系统。在这个系统中，所有的教育参与者和生态元素都处于动态的、相互联系的关系中。教师和学生是主体，他们的行为和认知都受到生态环境的影响，并反过来影响这个环境。教育环境的质量对教育参与者的行为和认知产生积极或消极的影响，同时，他们的行为和认知也会对环境中的其他元素和整体环境产生影响。

创新创业教育生态系统主要由两部分组成：创新创业教育的主体和环境。教育主体包括教育的实施者和接受者。实施者主要包括负责教育的部门、教学机构、研究部门和教师队伍，他们的活动主要表现在课程、活动和教学计划等方面；接受者主要是参与创新创业教育的学生，他们可以从实施者提供的服务中选择自己需要的教育服务。生态环境则包括物质环境如校园环境、基础设施、建筑风格、教学设施等，以及精神环境如学校文化、学术氛围、校训等。这个系统中的所有元素都是密切联系在一起的，通过教学活动和管理制度等方式，实施者与接受者进行互动，形成反馈机制。生态环境通过与主体相关的因素影响主体，教育服务的质量和数量发生变化，也影响接受者对服务的评价。因此，教育主体需要通过实践来不断完善创新创业教育的生态环境。

（三）高校创新创业教育环境保障体系的构建

1. 制定创新创业教育激励政策

制定创新创业教育激励政策应着眼于教师和学生的实际需要。教师是创新创业教育的实施者，他们的积极性和热情对教育成效有着直接的影响。因此，激励政策包括设定合理的教学任务，提供专业培训，以及对教学成果的认可和奖励等。同时，应该鼓励教师参与学生的创新创业实践活动，提供指导和帮助。学生是创新创业教育的接受者，他们的参与和投入对教育效果至关重要。创新创业教育激励政策应针对学生的学习需求和兴趣，如设置创新创业相关课程，提供实践机会，奖励创新创业成果等。对于成功创新创业的学生，可以通过提供更多的学习资源和机会，鼓励他们继续深入探索和发展。对于对创新创业感兴趣的学生，可以通过提供咨询和指导，帮助他们理解创新创业的意义和价值。

创新创业教育激励政策还应考虑到校园文化和氛围的建设。校园文化和氛围对教师和学生的行为有深远的影响。鼓励创新和创业的校园文化可以有效地激发教师和学生的积极性和创新精神。因此，建设积极、开放、支持创新的校园文化，是制定创新创业教育激励政策的重要环节。

2. 加大对创新创业教育环境监管和检测

监管和检测主要是通过对教育环境进行定期和不定期的评估和分析，以了解其运行状态，发现可能存在的问题，并及时进行调整和改善。其中，设立明确、科学的评估标准和方法是重中之重。评估标准应涵盖教育环境的各个方面，如教学设施、教学资源、教学活动、学校文化等，而且需要有一定的灵活性，以适应教育环境的变化。评估方法则要准确、客观，能够真实反映教育环境的状态。

具体来说，教学设施和教学资源的评估可以通过检查设施的使用情况、资源的分配和利用情况等来进行。例如，检查教室、实验室等设施是否满足教学需求，教材、网络资源等是否充足和更新及时。教学活动的评估则可以通过调查教师和学生的反馈、参与情况等来进行。例如，了解教师对教学活动的看法，学生对活动的参与程度和满意度等。学校文化的评估则更为复杂，需要通过观察、访谈等多种方法来进行。例如，观察学校的活动和公共空间是否体现了鼓励创新、尊重个性的价值观，对学生和教师进行访谈，了解他们对学校文化的认同感等。除了定期进行评估以外，还需要建立快速响应的反馈机制，一旦出现问题就能及时将其解决。这需要高校建立有效的信息沟通渠道，使教师、学生和管理者沟通起来更加方便。同时，高校也要制定一套详细的流程，并对责任人加以明确，以确保问题能够得到及时、有效的处理。

监管和检测的目的不仅是发现和解决问题，更重要的是要通过这种方式不断地完善和优化教育环境。因此，高校应该将评估结果和反馈意见作为重要的参考，制订相应的改进计划，并落实到实际行动中。这样可以保证高校创新创业教育环境的持续改进和提升，为师生提供更好的学习和发展平台。

3. 合理配置创新创业教育资源

在高等教育机构的创新创业教育环境保障体系的构建过程中，合理配置创新创业教育资源是至关重要的一环，包括教学资源、实践资源、人力资源、资金资源等多个方面，合理的资源配置可以提高创新创业教育的效率和效果，满足学生和教师的需求，促进教育环境的优化和改善。

教学资源的配置要考虑教学内容和方式的多样性，创新创业教育涵盖了多个领域和方向，包括但不限于技术创新、商业模式创新、社会创新等，不同的领域和方向需要不同的教学资源。因此，高校要根据教学计划和学生的需求，提供多种类型的教材、参考书、网络资源等。同时，也要考虑创新创业教育的实践性，提供必要的实验设备、创新实验室、创业实践平台等。另外，创新创业教育不仅是在课堂上的学习，更重要的是在实践中的体验和成长。高校应该与企业、社会组织、创新创业团队等建立合作关系，为学生提供实习、实训、创新项目、创业竞赛等多种实践机会。这不仅可以增强学生的实践能力，还能帮助他们了解和掌握创新创业的实际操作步骤。资源的配置应充分考虑教师队伍的专业性和多样性。教师是创新创业教育的关键，他们的专业知识、教学能力、创新精神等对教育质量有直接的影响。因此，高校要培养一支专业、多元、有活力的教师队伍，包括教授、副教授、讲师、实践指导老师等，以满足创新创业教育的多元需求。最后，资金资源的配置也是非常关键的。创新创业教育需要投入大量的资金，包括教学设施的建设和维护、实践活动的开展、教师和学生的培训和奖励等。高校应制定合理的资金分配方案，确保资金的有效利用，同时也应积极寻找外部资金来源，如政府资助、企业赞助、社会捐赠等，为创新创业在资金方面的需求提供保障。

4. 加强创新创业教育科研工作

在构建高校创新创业教育环境保障体系的过程中，加强创新创业教育科研工作的重要性不容忽视。科研工作不仅是探索新知识和新技术的重要途径，同时也是教育活动中促进学生创新精神和创新能力的关键环节。

随着社会经济的发展和科技的进步，教育理念和教育方式需要不断更新和改革，以适应时代的需求。创新创业教育科研工作，可以探索新的教育理念、教育模式、教育策略等，为教育活动提供理论指导和实践参考。加强创新创业教育科研工作可以提升教育质量和效果，科研工作可以深入探究教育问题，找出教育活动中存在的问题和不足，提出改进方案和策略。同时，科研工作也可以评估和分析教育活动的效果，为教育改革和优化提供依据。科研工作需要教师具备较高的专业素养和科研能力，这对提高教师的教学水平和教学能力有着积极的影响。同时，教师参与科研工作，可以更深入地了解学生的学习需求和学习状态，进一步改进教学方法和策略。科研工作是一种创新活动，学生参与科研工作，可以在实践中体验创新过程，提高创新思维和创新能力。同时，科研工作还可以帮助学生提升专业技能，为创新创业活动提供技术支持。

（四）高校创新创业教育环境保障体系的其他要素

为了确保创新创业教育的有效实行和顺利运行，建立能够推动社会进步和学生个人发展的科学且合理的保障机制是至关重要的。创建这样的保障体系不仅能推动创新创业科研的进步，还可以为创新创业教育明确发展路径和改进策略，确保其持续性发展，并在社会各个领域得以全面应用和实际执行，从而推动社会的进步。本书从政府、社会、企业和家庭四个维度出发（如图 6-2 所示），以高校创新创业教育的特性为基础，构建优秀的教育环境，优化创新创业教育环境保障系统。

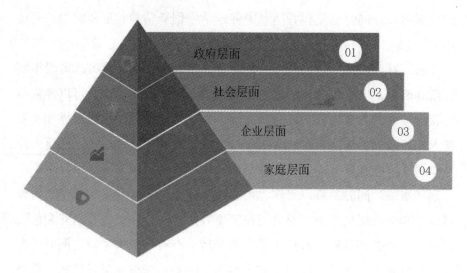

图 6-2　高校创新创业教育环境保障体系的其他要素

1.政府层面

政府作为制定政策的主体，在构建高校创新创业教育保障体系中发挥着指引、支持和激励的关键作用。实现高等教育机构的创新创业教育活动，以及学生个人的创新创业实践，都离不开政府的政策引导、资源整合、资金支持以及社会服务部门的协助。

第一，政策法规支持。政策法规是保障高校创新创业教育顺利进行的重要手段。政策的制定应注重营造有利于创新创业教育发展的环境，包括制定和优化相关的法律法规，提高创新创业教育的地位和影响力，创设优惠政策，鼓励和引导教育机构、教师和学生投身于创新创业教育中去。同时，政策还应明确创新创业教育的目标、内容和方式，形成科学、有效、持续的教育模式。政府还应该通过严格的法律法规和规章制度，规范创新创业教育的实施过程，保证教育的质量和效果，为创新创业教育提供稳定、公平、有序的运行环境。

第二，提供免费的培训指导。政府作为高等教育的主导者和监管者，需要推动和扶持创新创业教育的发展，特别是对于具有创新创业意愿和潜力的学生，应该为他们提供免费的培训和指导。政府部门或相关机构可以组织和推行一系列针对创新创业的培训计划，包括但不仅限于创业基础知识、项目管理、市场分析、财务规划、法律法规等方面的内容。这些内容能够帮助学生深入理解创新创业的过程，提升学生的创业技能和经验，帮助他们应对创新创业过程中可能遇到的问题和挑战。政府还可以通过各种方式，如线上平台、讲座、研讨会、工作坊等形式，邀请行业专家、成功创业者进行分享和交流，为学生提供真实的创新创业案例和经验。还可以设立创新创业咨询服务机构，为学生提供各类专业指导服务，如商业模式指导、技术指导、融资指导等，以解答学生在创业过程中的各种疑问和困惑。在提供免费培训指导的同时，政府还要建立有效的激励机制，如设立创新创业奖学金、优秀创新创业项目奖等，以奖励那些在创新创业教育中表现出色的学生和项目，进一步提高高校创新创业教育的活跃度和影响力。

第三，建立创业教育中介组织。在创新创业教育推进的过程中，中介组织扮演着非常重要的角色。政府可以通过建立或支持创业教育中介组织，形成多元化的、全面覆盖创新创业全过程的支持体系，以促进创新创业教育的深入发展。创业教育中介组织可以帮助政府有效地组织和协调创新创业教育活动，包括创业训练营、研讨会、创业大赛等，帮助学生获取创新创业的相关知识和技能，培养他们的创新思维和创业能力。创业教育中介组织可以作为政府与学生、学校、企业等各方的桥梁，为各方之间的沟通和合作提供便利。例如，通过建立合作平台，促进企业和学校的合作，为学生提供更多实践机会；通过与企业和行业专家的紧密合作，引导学生了解和接触最新的行业动态和创新技术，激发他们的创新思维和创业精神。另外，创业教育中介组织还可以为学生提供全方位的创新创业服务，包括创业指导、创业培训、项目孵化、投资对接、法律咨询等，学生通过这些服务可以更好地解决在创新创业过程中遇到的问题。

2. 社会层面

社会的理解和接纳对于创新创业教育的开展有着至关重要的作用。传统文化对于孕育新一代创新创业人才具有深远影响。在传承和发扬文化精髓的同时，剔除其中不适合当前社会发展的部分，构建激发创新精神、鼓励创业热情的社会环境。借助媒体力量，引导公众正确认识和评价创新创业，是十分必要的。出台相关政策法规，保护创新成果，激发大学生的创新创业积极性，并进一步形成鼓励创新创业的社会风尚。

虽然目前高校对创新创业教育的理解较深刻，但社会广大公众对其认识还不够全面，创新创业教育的影响范围也相对较为狭窄。此外，创新创业教育在不同地区的发展也存在不均衡的现象。因此，开创以政府为主导，高校为主体，社会各界共同参与的创新创业教育推广新局面是至关重要的。首先，借助互联网、电视、报纸等传媒大力宣传创新创业教育，调动大众的参与热情，让创新创业教育成为社会公约、学校使命、家庭和个体的自主选择。其次在社会层面，充分利用社会各方资源，营造有利于创新创业教育的环境。另外，在相关政策的实施过程中，中介组织、企业等社会力量也可以提供必要的支持和协助。

3. 企业层面

企业在推动创新创业教育的过程中有着重要作用。首先，企业是实践的场所，为大学生提供实践创新创业的平台。在这里，学生将学习到的理论知识付诸实践，通过亲身经历，理解并体验创新创业的过程，提升创新创业能力。同时，企业也能通过这种方式挖掘和培养具有创新创业精神和能力的人才，实现人才的内源化培养。企业的成功经验和创新模式可以作为教学案例，为创新创业教育提供生动的教学素材。企业也可以通过设立奖学金、提供实习机会、参与课程建设等方式，与高校进行深度合作，共同推进创新创业教育的发展。这种深度合作不仅可以让学生更好地理解创新创业的全过程，也有助于培养他们的综合素质，为未来的创新创业之路做好准备。

4.家庭层面

家庭是社会结构的基本单元，对大学生的成长有着深远影响。大学生创新创业的思想观念、行为习惯等都与家庭教育和家庭环境息息相关。家庭的支持对于大学生创新创业活动的开展起关键性作用。对创新创业的接受度，对风险的容忍度，对成功与失败的看法等，都源自家庭教育。开放包容的家庭氛围，能培养出勇于尝试，敢于创新的大学生；而过于保守的家庭氛围，可能抑制大学生的创新意识和创业热情。创新创业活动往往需要一定的资金投入，而大学生在经济上多半依赖家庭，因此，家庭的经济支持很大程度上影响创新创业活动的开展。家庭的经济能力和家庭的经济观念，都对大学生创新创业活动的进行有着重要影响。创新创业是一个充满挑战的过程，大学生在其中难免会遇到困难和挫折。家庭的理解、支持和鼓励，能够给他们提供强大的精神支撑，帮助他们克服困难，鼓励他们坚持下去。另外，家庭成员的社会关系，可以为大学生创新创业提供重要的人脉支持。家长的职业背景和社会经验，可以帮助大学生理解社会，增加他们的社会适应力。

第二节　加强创新创业实践育人平台自身特色与区域社会发展的互动

一、发挥民族高校特色学科优势

（一）民族高校特色学科建设应遵循的原则

民族学校在开展学科建设的工作中，要注意结合学校自身的实际情况，结合学科建设的特点，遵循一定的学科建设原则。因为学科建设是一项综合性很强的工作，涵盖学校的教育教学、人才培养、研究方向、科学研究、学术交流和基地建设等方方面面的要素。具体应当遵循以下四个原则，如图 6-3 所示。

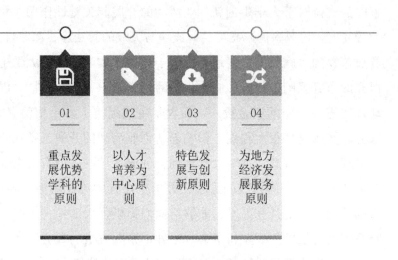

图 6-3　民族高校特色学科建设应遵循的原则

1. 重点发展优势学科的原则

在发展特色学科时，重点发展优势学科的原则非常关键。优势学科往往集中了学校的优秀师资、丰富资源和独特优势，是高校展现自我特色，增强核心竞争力的重要方面。选择并发展优势学科，能够让学校在有限的资源配置中取得最大化的教学和研究成果，也能提升学校在相关领域的影响力和知名度。

优势学科的发展要基于实际，充分认识并评估学校的学科资源、师资力量、科研条件等，明确学科优势，确定发展目标。只有明确自身的优势，才能在竞争中脱颖而出。优势学科的发展，要有一套完善的规划和管理机制，确保其在教学、科研、服务社会等方面的全面发展。这包括加强学科建设，优化课程设置，改革教学方法，加强实践环节；强化科研能力，增加科研投入，提升科研水平；加强与社会的互动，服务地方经济社会发展，提升学科社会影响力。优势学科的发展也要有利于激发学生的学习兴趣和提升他们的实践能力，强调优势学科的教学创新和实践教学，不仅能够提升学生的学习体验，还能提升他们的创新能力和实践能力，使他们更好地满足社会发展需求。优势学科的发展应着眼未来，立足于新的学术发展趋势和社会需求，不断调整学科方向，提升学科发展的前瞻性。同时，也要注重内涵建设，深化学科内部研究，形成自身独特的学科体系。

2. 以人才培养为中心原则

高等教育的核心任务是人才培养，无论是基础学科还是应用学科，无论是理论教学还是实践教学，都必须围绕人才培养这个中心进行。

以人才培养为中心原则，意味着教育教学活动要服务于人才培养的目标，注重培养学生的创新思维、实践能力、领导力等素质，满足社会对各类人才的需求。确定学科设置、课程体系、教学方法等方面，都要以培养高质量人才为目标。从学科设置的角度来讲，以人才培养为中心的原则要求我们基于社会对人才的需求，结合学校的特色和优势，科学合理地确定学科方向，确保学科设置与人才培养目标的高度匹配；从课程体系构建的角度来讲，以人才培养为中心的原则要求我们坚持以学生为主体，注重学生的主动性和创新性，设置富有挑战性和实践性的课程，提高学生的实际操作能力和问题解决能力；从教学改革的角度讲，以人才培养为中心的原则要求我们打破传统的教师中心的教学模式，实施以学生为主体的引导式和互动式教学模式，注重培养学生的自主学习能力、团队协作能力以及跨学科综合能力；从评价机制设计的角度讲，以人才培养为中心的原则要求我们以能力素质为评价标准，注重评价学生的实际能力和素质，而非单纯的知识掌握程度。

3. 特色发展与创新原则

特色发展与创新原则强调，民族高校在发展中要充分发挥自身的特色和优势，突出独特性，同时要不断创新，以适应社会发展和人才培养的新要求。特色发展原则是指在学科建设中，民族高校需要坚持和发展其特色和优势，形成有别于其他学校的教育模式和学科特色。民族高校要深入挖掘其民族文化资源，充分利用自身在地理位置、历史文化、人文环境等方面的优势，形成独特的教育理念和教育模式，培养具有民族特色和优秀素质的人才。创新原则是指在学科建设中，民族高校需要不断进行教育教学的改革和创新，以适应社会发展和人才培养的新要求。这一原则要求民族高校紧跟时代步伐，敢于尝试新的教育理念和教学方法，突破传统的教学模式，引入新的课程体系、教学方式和评价机制，以提高教育教学的效果和质量。

实施特色发展与创新原则需要注意以下几点：首先，要准确把握民族高校的特色和优势，确保特色发展的正确方向；其次，要鼓励创新思维，建立开放的教育环境，支持教师和学生进行教育教学的创新尝试；最后，要加强创新效果的评价和反馈，确保创新的有效性和针对性。

4.为地方经济发展服务原则

为地方经济发展服务原则要求民族高校在学科建设中，积极响应地方经济社会发展需求，充分利用自身的教育和科研优势，努力在人才培养、科研创新、社会服务等方面为地方经济发展做出贡献。高校必须充分理解和把握地方经济社会发展的实际需求，精心设计和实施人才培养方案，培养出能够满足地方经济社会发展需求的高素质人才。此外，民族高校还要发挥科研优势，开展与地方经济发展相关的科研项目，推动科技成果转化，为地方经济发展提供科技支撑。同时，高校还要积极开展各种形式的社会服务活动，如提供技术咨询、培训服务，参与社区建设等，通过实际行动服务地方社会。为地方经济发展服务原则，既有利于高校更好地完成人才培养、科研创新、社会服务等职能，也有利于高校紧密结合地方经济社会实际，提升自身发展的实效性和社会影响力。同时，也有利于高校与地方政府、企事业单位等社会主体形成良好的互动机制，共同推动地方经济社会发展。

（二）找出本地特色，大力发展其优势

根据特色学科建设为地方经济发展服务的原则，地方民族高校有比较强的区域特色，学校的学科建设具有文化氛围，这也是特色学科建设的重要资源和着眼点。地方高校在特色学科建设的过程中，应以当地经济的现状和发展趋势为依据，着力于培养地方发展过程中急需的人才，从而更好地解决当地经济发展中存在的人才短缺问题。

地方民族高校应根据自身条件以及背景环境来选择特色学科，这是地方高校特色学科建设成功的关键，选对了特色学科，学科建设才能朝着好的方向发展。因此，对地方高校的学科自身和外部环境的主体进行全方位梳理是学科建设的重要前提。

1. 与当地经济特点相联系的地方特色

在谋划民族高校的特色学科发展时，务必考虑当地经济特点和地方特色的重要性。理解和把握地方的经济现状，需要研究和分析其经济发展趋势和潜力，以此为依据制定相应的特色学科发展策略。

一个地区对人才的需求受当地经济发展特点和发展趋势的影响。例如，如果当地经济主要以农业为主，那么高校可能需要加强农业技术、农业经济管理等相关学科的建设，以培养能够支持农业发展的专业人才。如果当地经济以旅游业为主，那么高校则可能需要强化旅游管理、酒店管理等相关学科的建设，以培养能够推动旅游业发展的专业人才。在把握地方经济特点的同时，民族高校还需深入挖掘和发展当地的文化、历史、自然等资源，将这些资源转化为高校特色学科的独特优势。例如，对于位于历史文化富集区域的高校，可以考虑发展历史文化学科，或者开设以地方文化为内容的专门课程，培养学生对本地文化的热爱和理解，提高他们的文化素养。如果一个地区有丰富的自然资源，那么当地的高校可以考虑发展环境科学、生物科学等学科，利用丰富的自然资源为学生提供实地学习和研究的机会。

2. 与当地文化相联系的地方特色

地方文化是一个地区的独特标识，是其精神面貌和社会风貌的体现。民族高校作为文化教育的重要场所，应积极挖掘和弘扬当地文化，将其与学科建设紧密结合，形成与地方文化相联系的特色学科。

将地方文化的元素融入课程中，学生在学习专业知识的同时，也能深入了解和感受地方文化。比如，在文学、艺术、历史等课程中，增加关于地方文化的内容，如地方的历史事件、文化遗产、民间艺术等。这种方式可以让学生在学习过程中，深入了解和体验地方文化，增强他们的文化认同感和文化自豪感。利用地方文化资源，设立相关的实践基地和研究中心。如历史文化名城、民族文化村落、文化遗产地等，都可以作为学生实践和研究的场所。通过这些活动，学生可以亲身接触和体验地方文化，增强他们的实践能力和研究能力。民族高校可以通过举办一系列与地方文化相关的活动，如文化节、讲座、展览等，让学生有更多的机会接触和了解地方文化，从而进一步激发他们对地方文化的热爱和研究兴趣。

3. 与当地地理资源相联系的特色

地理资源是各地域因自然环境和地理位置所独有的资源，包括土地、矿产、水资源、生物资源、气候资源等。民族高校应当充分利用当地的地理资源，形成与其相联系的特色学科。

地理资源是开展科研和教学活动的重要基础。比如，一个地区矿产资源丰富，那么当地的民族高校就可以发展矿业工程、地质学等相关专业；一个地区生物资源丰富，那么当地的民族高校就可以发展生物科学、生态学等专业。这样既可以利用地理资源为学生提供丰富的实践平台，也可以将地理资源的开发和利用与学科的发展紧密结合，形成独特的学科优势。民族高校应当结合地理资源进行特色教育。例如，可以设计地理资源相关的课程，通过现场教学和实践活动，让学生亲身体验和了解地理资源的特性和价值。同时，也可以引导学生对地理资源进行探索，并培养学生的环保意识。民族高校应当积极参与地方的科技创新和经济建设，以科研成果服务于地方的经济发展。例如，可以开展地理资源开发和保护的科研项目，推动科技成果转化为实际生产力。

（三）选拔优秀学科带头人，建设特色学科团队

在发展特色学科的过程中，选拔优秀的学科带头人，成立高质量的学科团队是至关重要的环节。学科带头人需要具备深厚的专业素养、良好的领导能力和敬业精神，从而领导团队共同发展，为团队创造良好的科研和学习环境。

优秀的学科带头人对学科发展的影响力是巨大的。首先他们的科研成果和教学水平可以提升学科的知名度，吸引更多的优秀学者和学生加入。其次他们的教育理念和管理策略也可以影响整个学科团队，推动学科持续稳定发展。因此，民族高校在选拔学科带头人时，应充分考察其专业水平、领导能力和个人品质，确保他们能够胜任这一重要职务。在建设学科团队时，需要考虑团队成员的专业背景、技能特长和研究兴趣，鼓励团队成员之间要多交流，从而使学科建设在知识的分享和创新的过程中不断发展。同时，团队的规模和结构也需要适度，以保持团队的活力和效率。在团队建设过程中，学科带头人要扮演好领导者的角色，制定明确的团队目标，确立学科的发展方向，营造积极的团队氛围，鼓励团队成员发挥其独特优势和创新精神。当然，选拔优秀学科带头人和建设特色学科发展团队的工作需要学校的支持和配合。学校需要为此提供必要的资源和支持，如提供足够的科研经费，设立优秀带头人的奖励机制，以及提供团队建设的培训和指导。同时，学校也需要建立有效的评估和反馈机制，监督团队的工作进展，及时调整策略，以确保学科的持续健康发展。

（四）强化特色优势积累

推动民族高校特色学科的发展，需要关注并强化特色优势的积累。每一个学科都有其独特的优势和特点，这些优势和特点是其核心竞争力，也是其长期发展的基础。强化特色优势的积累，通过深化学科内部的研究，不断提高学科的教学质量，推动学科间的交叉融合和创新，使得学科的优势更加突出，特色更加鲜明。

1.强化特色优势的积累需要深化学科内部的研究

为了强化特色优势的积累，学校应鼓励学者在学科内部进行深入研究，其好处在于：第一，对学科内部进行深入研究不仅能够扩展学科的研究深度和广度，还有助于提升学科的科研质量和影响力。第二，对学科内部进行深入研究可以推动学科知识和技术的前沿问题的研究。学者们可以在自己的研究领域内不断探索和发现新的问题，从而加深他们对学科核心理论和方法的理解，探索新的研究方法和技术。第三，学科的知识体系和理论框架可以得到丰富和完善，从而为学科的发展打下更加坚实的基础。第四，深入研究还有助于学者的专业知识和研究技能的提升，提高研究的创新性和独立性，从而推动学科的研究水平不断提高，为学科的发展贡献更多高水平的研究成果。第五，通过深入研究，学者可以在学科内部建立一定的声誉和专业地位。这种专业地位和影响力可以吸引更多的学者和研究人员关注和参与该学科的研究，形成良好的研究氛围和合作网络。此外，学者还可以通过学术交流和合作推动学科的国际化和国际合作，提升学科在国际学术界的影响力和地位。

2.提高学科的教学质量是强化特色优势的重要方式

高质量的教学是培养具备专业知识和实践能力的优秀学生的有效手段。为此，学校应该注重教学质量的提升，并定期进行教学评估和改进。

学校可以采取多种教学方法和策略，以满足不同学生的学习需求。案例教学可以激发学生的思维和创新能力，实验教学可以帮助学生巩固理论知识并掌握实践技能，项目教学可以培养学生的团队合作和问题解决能力。通过提供多样化的教学方式，学校可以激发学生的学习兴趣和主动性，提高他们的学习效果和成果。学校应该鼓励教师的教学创新和教学发展，为教师提供专业发展的机会，例如参加教师培训、学术交流和研讨会等，以提升他们的教学能力和专业素养。学校要建立健全教学奖励制度，激励教师在教学方面的优秀表现，并为他们提供教学研究和项目的支持。

3. 推动学科交叉融合和创新是强化特色优势的重要途径

学科交叉能够打破学科之间的界限，引入新的思维和视角。不同学科的交叉融合可以促使学者跳出传统学科范畴的限制，以全新的眼光审视问题。交叉视角可以激发创新思维和创新能力，帮助解决复杂的问题。例如，在设计领域中，结合心理学、人类学等社会科学学科的研究，可以更好地了解人类行为和需求，为室外环境设计提供更合理的解决方案。学科交叉还可以促进学科之间的互补和合作。不同学科的专业知识和技术可以相互补充，形成协同效应。学科交叉研究可以促进学者之间的合作与交流，打破学科之间的壁垒，从而激发学者的创新灵感。例如，在室外环境设计中，结合建筑学、景观设计等学科的知识和技术，实现建筑与自然环境的和谐融合，创造独特的室外空间。学科的交叉融合往往能够形成新的研究领域和新的研究方向。例如，在室外环境设计中，结合生态学、可持续发展等学科的研究，可以推动绿色建筑和生态景观的发展，促进城市的可持续建设。

4. 强化特色优势的积累需要学校的全面支持

学校需要为学科提供充足的科研经费和实验设备等资源支持。充足的科研经费可以为学者开展高水平的科研和实验研究提供支持，提升学者的学科研究能力和水平。学校也应注重实验设备的更新和维护，确保学者能够在良好的实验环境和条件下开展研究工作。同时，学校还可以建设教学资源库，为学者和学生提供便捷的资源获取渠道，此外，学校还可以设立创新创业中心或研究院，为学者提供一个交流和合作的平台，鼓励他们进行学术交流和合作研究。学校也可以多组织学术研讨会、学术讲座等活动，邀请国内外的学术大家来校交流，以扩展学者和学生的视野，并促进学科间的学术交流与合作。

二、发挥区域社会发展集群效应优势

（一）提高学生的综合素质，夯实技术环境

提高学生的综合素质，不仅有助于他们在学术上取得更大的成就，也有助于他们在职业生涯中获得成功。同时，夯实技术环境对于学生的创新创业活动也是至关重要的。完善的技术环境可以提供充足的资源和良好的沟通平台，从而更好地为学生的创新创业活动提供支持。

在提高学生的综合素质方面，我们可以从多个角度入手。首先，学生要在专业知识上有深厚的积累。专业知识是学生进行创新创业活动的基础，只有对专业知识有深入的理解和掌握，才能在实践中找到创新的机会。因此，我们需要提供高质量的专业课程，帮助学生建立完善的知识体系。其次，学生需要具备良好的人际交往和团队协作能力。创新创业活动往往需要多个人共同完成，因此，良好的人际交往和团队协作能力对于学生的创新创业活动具有至关重要的作用。我们可以通过组织各种团队活动，如课程项目、实践活动等来提升学生这方面的能力。再次，学生需要具备批判性思维和解决问题的能力。这两项能力可以帮助学生在面对问题和挑战时，能够独立思考，并顺利找到解决问题的方法。我们可以通过开设批判性思维等课程，通过采取案例教学、讨论教学等方式来提高学生的这些能力。

在夯实技术环境方面，我们需要从硬件设施和软件支持两个方面进行。在硬件设施方面，我们需要提供高质量的实验室、工作室、研究所等场所，以及各种专业设备和工具，以支持学生的创新创业活动。在软

件支持方面，我们需要提供完善的技术支持服务，如技术咨询、技术培训等，帮助学生解决技术问题，并提高他们的技术能力。

（二）合理选择创业团队成员

优秀的创业团队由不同背景和专业的成员组成，成员共同协作、互补优势，共同推动创新创业项目的顺利进行。在选择创业团队成员时，应注意以下几个方面。

1. 注重多样性和协作性

在选择创业团队成员时，要注重多样性和协作性。多样性指成员之间在专业背景、技能、经验和性格特点等方面具有差异。不同背景的成员能够带来不同的知识和视角，为团队带来更多的创新思路和解决问题的能力。协作性则指成员之间能够进行良好的合作，使整个团队在工作时更加高效。

多样性可以促进创新的产生。团队成员具备不同的专业背景和技能，能够从不同的角度思考问题，提出多元化的解决方案。跨学科的交叉思维有助于激发团队的创新能力，带来更有竞争力的创业项目。例如，在一个室外环境设计团队中，有来自建筑学、景观设计、工程管理等多种不同专业领域的成员，可以共同探讨如何将建筑、自然和人文因素有机结合在一起，从而打造独特的室外环境。团队成员之间的协作能力和团队意识对于团队的成功也是至关重要的。成功的创业团队需要成员之间能够相互信任、合作无间。协作性强的团队成员能够积极参与团队的工作和决策，共同解决问题和应对挑战。成员互相支持、倾听和理解彼此的观点，从而营造良好的工作氛围，形成互帮互助的团队精神。团队成员协作一致地追求团队的目标，才能使创新创业项目顺利进行。总之，在选择创业团队成员时，应该注重多样性和协作性。多样性可以带来更多的创新思路和解决问题的能力，协作性则能够为团队成员之间的紧密合作和高效沟通提供保障。合理选择成员打造一支充满活力和创新能力的创业团队，从而为创新创业项目的成功奠定坚实的基础。

2. 注重成员的才华和能力

团队每个成员都应该具备相关的专业知识和技能，能够在创新创业过程中发挥自己的优势。例如，在室外环境设计团队中，团队成员应该具备建筑设计、景观规划、植物学等方面的专业知识，这样才能做到从不同角度对室外环境的各个方面进行考察。他们还应该具备相关的技能和能力，如设计软件的应用、项目管理的能力等，以支持创业项目的顺利进行。团队成员应该有明确的职责和任务，并能够按时高效地完成工作。每个成员都应清楚自己在团队中的角色和职责，并全力以赴地履行自己的职责。团队成员之间应该建立良好的沟通机制，确保团队工作的顺利开展。通过明确分工和高效协作，团队成员能够更好地发挥各自的才能，使工作效率和质量得到不断提高。

3. 注重团队成员的激情和动力

激情和动力能够驱动团队成员持续投入和努力。团队成员对创业项目充满激情，有更强烈的动力去面对困难和挑战。即使遇到困难，他们也能够保持积极的态度和高度的投入，寻求解决方案并继续前进。激情和动力可以帮助团队成员保持专注和坚持，从而提高工作效率和质量。团队成员之间应互相激励和鼓励。在创业过程中，团队成员不免会遇到很多挫折和压力，成员之间的相互支持和鼓励，能够保持积极的心态和动力，共同为项目的成功贡献自己的力量。最后，团队成员应该懂得分享成功的喜悦。当团队取得重要的里程碑或成就时，团队成员应该一起庆祝和分享成功的喜悦。这种分享能够增强团队成员的凝聚力和归属感，进一步激发他们的激情和动力。共同分享成功的喜悦也能够增强团队合作和协作的意识，使团队成员之间的联系更加紧密。

4. 注重团队成员的诚信和责任

诚信是团队成员应具备的基本品质。团队成员的诚信是相互信任和合作基础。团队成员应该明确自己的角色和职责，并且能够主动承担起责任，积极参与团队的活动和决策。责任意识能够推动团队成员克服困难和挑战，全力以赴地完成工作，并为团队的成功贡献自己的力量。团队成员之间的有效沟通和合作是团队诚信和责任的体现。团队成员应该保持开放的心态，尊重和倾听他人的意见和建议，共同制定并执行团队的决策。通过良好的沟通和合作，团队成员能够更好地理解和支持彼此，从而促使团队的共同目标顺利实现。

（三）适应转变经济发展方式的大学生创新创业教育的特性

1. 创业观念教育先于创业行为教育

创业观念教育可以引导大学生树立正确的创业观念。创业观念是创业行为的基础，涉及对创业的理解、态度和价值观等。在创新创业教育中，学校可以通过开设创业课程、举办创业讲座和分享会等形式，向学生传递创业观念的重要性和创业带来的机遇与挑战。通过启发学生的创业思维，激发他们的创业激情，帮助他们形成积极向上的创业观念。创新思维是创业成功的关键要素之一。学校可以通过开展创新创业实践活动、提供创新创业项目的机会等方式，引导学生跳出传统思维模式，培养他们的创新思维能力。同时，学校还可以鼓励学生参与创新研究、科技竞赛等活动，提供创新思维的锻炼和实践平台，帮助他们培养解决问题和创造价值的能力。此外，创业观念教育还可以培养大学生的创业精神。创业精神是指具备创新、冒险、坚持、团队合作等特质的心理素质和行为方式。学校可以通过开展创业导向的培训和活动，培养学生的创业意识和团队合作意识，并不断提高学生创业能力。同时，学校还可以建立创业孵化器和创业基地，为学生提供创业机会和实践平台。

2. 以知识型创业为目标的创新创业能力教育

知识型创业强调基于知识和技术的创新，将创新和创业紧密结合，通过创造和应用知识来推动创新创业的发展。创新思维涉及跨学科的综合思考、独立思考和批判性思维，需要通过培养学生的创造力和问题解决能力来实现。创新创业教育应该提供相应的课程和活动，培养学生的创新思维方式和方法，激发他们的创造潜能。这包括创新项目的规划与设计、创新方法和工具的应用、创新团队的组建与管理等方面的能力。创新实践是知识型创业的关键，学生需要在实际的创新环境中进行实践，通过实践来验证和应用自己的创新能力。创新创业教育应该提供创业实践的机会，如创业项目、创业实验室、创业竞赛等，让学生能够将创新创业理念和技能应用到实际的创业活动中，培养他们的创新创业能力和创业精神。

3. 以自我实现为目标的创新创业观念教育

自我实现是指个体通过发展自身潜能来实现个人目标的过程。在创新创业教育中，自我实现的目标是帮助学生认识自己的潜力和兴趣，明确个人的价值观和人生目标，并在创新创业实践中实现个人的自我价值和成就。

创新创业观念教育应该引导学生探索个人兴趣，并激发他们内在的创造力。创新创业教育还应提供相关的课程和活动，如创新思维训练、创业案例分析等，帮助学生理解创新创业的过程和方法，并培养他们对创新创业的积极态度和意识。创新创业教育应该引导学生思考个人的人生目标和意义，并提供相应的支持和指导，帮助他们在创新创业实践中发展个人的技能、品质和能力，从而达成自我实现的目标。

4. 面向全体学生、结合专业教育、融入人才培养全过程的教育

这种教育旨在将创新创业教育融入全体学生的学习和成长过程中，以提供更广泛的机会和资源，培养学生的创新创业能力和精神。

面向全体学生的创新创业教育意味着不仅仅是少数学生能够参与创新创业活动。学校应该为所有学生提供创新创业教育的机会和平台，不论其专业背景或兴趣领域。这种全覆盖的教育模式可以激发更多学生的创新潜力和创业热情，为他们提供更多发展的机会。结合专业教育是指

将创新创业教育与专业知识和技能的培养相结合。学校应该在专业教育中融入创新创业的元素和方法，让学生能够将所学知识与实际应用相结合，培养他们在专业领域中的创新创业意识和能力。这种综合性的教育有助于学生将所学知识转化为实践能力，并为将来的创新创业奠定基础。融入人才培养全过程意味着创新创业教育应该贯穿学生的整个学习和成长过程当中。这种全过程的教育模式可以促使学生在学习过程中不断积累创新创业经验和能力，并为将来的职业发展做好准备。

第三节　借助创新创业实践活动培养学生创新创业能力

创新创业实践活动是培养学生创新创业能力的重要途径之一。通过参与各种实践活动，学生能够将理论知识应用于实际操作中，锻炼创新思维和创业技能。常见的创新创业实践活动如图 6-4 所示。

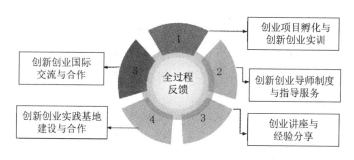

图 6-4　常见创新创业实践活动

一、创业项目孵化与创新创业实训

创业项目孵化与创新创业实训是一种重要的教育模式，旨在帮助学生将创业的想法转化为具体的商业项目，并通过实践活动提升他们的创新创业能力。

（一）创业培训

创业培训是创新创业实践活动的重要环节，旨在提升学生在创新创业过程中所需的专业知识和技能。学校可以组织多样化的创业培训课程，涵盖市场调研、商业模式设计、财务管理等多个方面的内容。培训课程应该针对不同的创业方向和需求，采用灵活多样的教学方法，既注重理论学习，又注重实践操作。在创业培训中，学生可以学习市场调研的方法和技巧，了解消费者需求和市场趋势，从而能够更准确地把握商机。他们也可以学习商业模式设计的原理，通过案例分析和团队合作，探索创新的商业模式，并提升在不确定环境下的决策能力。创业培训应该注重实践性和应用性，通过案例分析、模拟经营和实地考察等方式，让学生能够将所学知识应用于实际的创业项目中。培训课程还可以邀请成功的创业者或相关领域的专家开展讲座，向学生分享自己的经验和教训，从而提高学生的创业思维。

（二）导师指导

学校可以邀请成功的创业者、行业专家或相关领域的教师作为导师，为学生提供个性化的指导和支持。导师可以帮助学生分析市场环境、制定创业策略，提供切实可行的建议和解决方案，从而帮助学生克服创业过程中的困难。

（三）资源对接

资源对接是指学校与企业、投资机构等建立合作关系，为学生提供资源支持和合作机会。学校可以积极与各界建立合作伙伴关系，寻找创业资金、办公场地、设备设施等资源，为学生创业项目的实施提供必要的支持。资源对接可以通过与企业合作、举办投资对接活动、参与创业孵化基地等形式来实现。学校可以举办资源对接的活动，如创业交流会、投资路演等。这些活动为学生提供了与企业家、投资者、行业专家等交流的平台，有助于学生了解市场需求、获取投资机会，并建立与行业人士的合作关系。通过这些活动，学生可以扩展人脉圈子，获取更多的实践经验，使学生以后的创新创业实践更容易取得成功。

（四）创业生态系统建设

为了提供更加有利于学生创新创业的环境和资源支持，学校可以积极构建创业生态系统，与政府、企业、创业孵化器等相关方建立合作关系，形成资源共享、合作共赢的创业生态圈。这样的创业生态系统能够为学生提供更广阔的创业机会和资源支持，增加创新创业成功的概率。

首先，学校可以与政府机构建立合作关系。学校与政府合作可以使学生获得更多的创业机会和创业项目的支持，因此，学校可以与地方政府签订合作协议，共同推动创业项目的落地和发展。政府可以提供创业补贴、税收优惠等政策支持，同时也可以为学生提供创业培训、创业指导和创业咨询等服务。

其次，学校可以与企业建立紧密的合作关系。企业在创业领域拥有丰富的经验和资源。学校可以与企业签订合作协议，开展创业项目合作、技术转移和人才培养等方面的合作。企业可以提供创业资金、创业导师、实习机会等支持，与学生共同探索创新创业的机会和挑战。

此外，学校可以与创业孵化器、创投机构等专业机构建立合作关系。创业孵化器是创业项目的孵化和加速平台，可以为学生提供创业基地、创业导师、创业培训等支持。学校可以与创业孵化器合作，将优秀的创业项目引入孵化器，获得更专业的支持和指导。创投机构则可以提供融资和投资机会，帮助学生实现创业项目的资金支持和发展。

二、创新创业导师制度与指导服务

创新创业导师制度是为学生提供个性化指导和支持的机制，通过与成功的创业者、行业专家及相关领域的教师建立师生关系，学生获取更多实战经验和解决问题的能力。以下是创新创业导师制度与指导服务的几个重要方面。

（一）导师选拔与匹配

导师选拔与匹配是创新创业实践活动中的重要环节，导师可以为学生提供有针对性的指导和支持。导师候选人可以来自企业界、学术界或其他领域，他们拥有成功创业的经历、丰富的行业知识和人脉资源。在甄选的基础上，学校可以组织面试、评估和考察等相应的选拔程序来深入了解导师的专业能力、教学经验和指导能力，同时，学校还要对导师的背景和资历进行评估，从而保证导师具备与学生需求相匹配的能力和素质。

根据学生的特点和导师的专业领域，学校可以进行个性化匹配，确保导师能够满足学生在创业过程中的具体需求。一旦导师和学生匹配成功，学校应积极促进导师与学生之间的互动。建立导师与学生的沟通渠道，定期进行面谈、讨论和反馈，了解学生的创业进展和需求变化，并提供有针对性的指导和建议。

（二）个性化指导

导师通过与学生的沟通和互动，全面了解学生的创业项目、兴趣和目标。导师可以通过提问、讨论和个人面谈等方式，帮助学生梳理自己的创业愿景、需求和挑战。基于对学生需求的了解，导师可以协助学生制订创业计划，并提供相关建议和指导。导师可以帮助学生明确创业目标、制定发展策略，同时鼓励学生进行市场调研和竞争分析，以提高创业项目的可行性和竞争力。在创业过程中，学生可能面临各种难题和挑战，导师可以根据自身的经验和专业知识，为学生提供解决问题的方案和策略。导师可以帮助学生分析问题，提供切实可行的解决方案，并鼓励学生灵活应对变化和挑战。导师可以分享自己的创业经验和教训，帮助学生避免常见的错误和风险。导师可以和学生分享自己在创业过程中的成功和失败的经历，并提供相关的案例分析和实用的创业技巧。通过分享经验教训，导师可以启发学生的思考，帮助他们更好地规划和实施自己的创业项目。

个性化指导是持续的过程，导师应与学生建立稳定的指导关系。导师可以定期与学生进行面谈、讨论和反馈，了解学生的进展和需求变化，并根据实际情况调整指导方向。导师还可以为学生安排实践性的任务，使学生通过实践任务更好地提升自身的创新创业能力。

（三）行业洞察与资源整合

作为行业专家，创新创业导师具有了解市场趋势、竞争环境和行业变化的能力，拥有对当前市场状况和未来发展的敏锐洞察力。导师可以与学生分享行业内的最新动态、趋势和变化，帮助他们了解市场需求、消费者行为以及行业竞争态势。基于行业洞察，导师能够为学生的创业项目提供有针对性的建议和指导。他们可以帮助学生进行市场定位和产品定位，分析竞争对手的优势和劣势，制定相应的竞争策略。导师的专业知识和经验可以帮助学生避免一些常见的错误和陷阱，从而提升创业的成功率。除了行业洞察，导师在行业内积累了丰富的人脉关系，能够帮助学生获取合适的合作伙伴、供应链合作和投资渠道等资源。导师可以提供推荐、引荐，促进学生与行业内关键人士和资源进行有效对接。这种资源整合的能力为学生的创业项目提供了更广阔的发展空间和支持，增加了项目的成功机会。在学生创新创业过程中，创新创业导师扮演着重要角色，他们的专业知识、经验和资源帮助学生更好地把握市场机遇，为学生提供了宝贵的指引，这样不仅可以使学生在创业道路上更加有信心，还可以使学生有效规避风险和误区，从而大大提升创业项目的竞争力和可持续发展能力。

（四）持续跟踪与评估

定期的跟踪和反馈是持续指导的重要环节。导师可以定期与学生进行交流，了解他们的创业进展、遇到的问题和需求变化。通过交流，导师可以及时提供有针对性的指导和建议，帮助学生解决问题和克服困难。同时，学生也可以向导师汇报自己的工作进展，分享所取得的成绩和经验，从而获得导师的认可和进一步的指导。学校可以建立导师评估体系，对导师的工作进行评估和反馈。评估可以包括学生对导师服务的满意度调查、学生创业项目的成果评估、导师的指导能力评估等多个方面。通过评估，学校可以了解导师在指导学生创新创业能力培养方面的表现，发现导师的优势和不足之处，并提供相应的培训和指导，以进一步提升导师的指导水平和质量。

持续跟踪和评估的目的在于不断改进和完善导师的指导服务，从而提高教师对学生创新创业能力培养的效果。学校应该重视学生对导师服务的反馈和建议，并及时采取措施解决问题，确保学生能够得到有效的指导和支持。通过持续跟踪和评估，学校可以建立创新创业导师制度，为学生的创新创业之路铺平道路，培养更多具有创业精神的人才。

三、创业讲座与经验分享

通过邀请成功的创业者、行业领军人物等来校园开展讲座和分享，学校可以为学生创造直接接触创业实践和成功案例的机会，激发学生的创新创业激情，并从中获得宝贵的经验和指导。

（一）创业讲座可以为学生提供实际案例和经验

成功的创业者可以分享他们的创业故事，包括他们的创业初衷、面临的困难和挑战，以及他们是如何克服困难、抓住机遇并取得成功的。通过实际案例，学生可以更加深入地了解创业过程中的各种情况和问题，从中汲取经验和教训，拓宽自己的思维和视野。创业者的成功故事往往充满激情和挑战，这些故事可以激发学生对创新创业的兴趣和热情。通过了解成功创业者的经验和思维方式，学生可以受到启发，培养自己的创新思维，从而更加积极地面对挑战和创业机会。成功的创业者往往具有坚持不懈、勇于挑战、乐于创新的品质，他们的故事和经验可以传递给学生积极向上的创业价值观和精神。学生可以从中汲取创业的勇气和毅力，培养积极向上的创业心态，为自己的创业之路奠定坚实的基础。

（二）创业讲座可以传递创业的价值观和精神

成功的创业者的创业历程和成就可以激发学生对创新创业的兴趣和热情。通过分享创业者的故事和成就，学生可以感受到创业所带来的挑战和机遇，进而激发他们主动追求创新和创业的愿望。成功的创业者在创业过程中所展现的价值观念和精神可以激励学生在创新创业道路上形成正确的价值观。他们的成功故事和经验传递出的价值观，如敢于冒险、追求卓越、团队合作、社会责任等，对于学生培养积极向上的创业心态和价值取向具有积极影响。创业过程中充满着风险、挑战和不确定性，成功的创业者经历了各种困难和挫折，但他们坚持不懈、勇往直前。通过分享创业者的经验和故事，学生可以更好地理解创业的风险和压力，并从中汲取勇气和毅力，培养自己适应创业环境的心理素质和抗压能力。

（三）创业讲座可以鼓励学生的创新思维和创业行动

创业者的成功经验和启示能够让学生对创新和创业的意义有更深入的认识。创业讲座通过介绍创业者的创新思维和创业行动，激发学生对创新创业的兴趣和热情，鼓励他们积极追求创新创业的机会。创业者分享他们在创业过程中所遇到的挑战和问题，以及如何解决这些问题的具体方法和策略。这些实际案例和解决方案能够帮助学生更好地理解创业的实践和操作，为他们的创业之路提供参考和指导。创业者分享他们在创业过程中解决问题的思路和方法，激发学生在面对挑战和机遇时采取创新思维的能力。这样的讲座可以为学生提供创新思维的灵感，培养学生在创新创业中的敏锐洞察力和创新能力。

四、创新创业实践基地建设与合作

创新创业实践基地是供学生进行创新创业实践的场所，可以是学校内部的创新创业孵化中心、实验室，也可以是与企业、创业园区等外部机构的合作基地。基地可以配备先进的设备和技术，提供良好的工作环境，为学生的创业项目提供必要的支持和条件。例如，创新创业孵化中心可以提供办公空间、会议室、网络设施等，帮助学生开展创业项目的筹备和运营。与外部机构的合作可以带来更多的创业机会和资源支持，学校可以与企业、创业园区等建立合作关系，共享资源和经验。合作基地可以为学生提供创业导师、行业专家的指导和支持，提供创业资金、办公场地、设备设施等资源，帮助学生实现创业项目的落地和发展。创新创业实践基地的建设与合作还可以提供学生与实际创业环境接触的机会。学生可以通过实地参观、实习或实践项目等方式，深入了解创业生态系统的运作和市场需求。与企业和创业园区的合作有助于让学生接触到真实的市场环境和行业动态，了解市场需求和竞争状况，从而培养创业意识和市场敏锐性。最后，创新创业实践基地的建设与合作可以促进学校与外部机构的互利共赢。学校可以借助外部机构的资源和经验，提升创新创业教育的水平和实效。同时，外部机构也可以通过与学校的合作，与年轻创业者建立联系，发现潜在的创新创业项目和人才，促进创新创业生态的繁荣发展。

五、创新创业国际交流与合作

国际创业竞赛为学生提供了与来自世界各地的创业者竞争和交流的机会，学生可以通过与其他团队的交流和比拼，了解不同国家和地区的创业理念和实践，从中学习和借鉴优秀的创业经验和创新思维，提升自己的创新创业能力。交流访学是学生了解和体验不同国家和地区创新创业环境的重要方式。通过与海外高校、创业园区或创新中心的交流访学，学生可以亲身感受不同文化背景下的创新创业氛围，了解国外创业生态系统的运作机制，与国际创业者进行深入交流和合作，拓宽视野，增强跨文化合作和创新思维能力。学校可以与国外高校、企业、创业园区等机构合作开展创新创业项目，共同研发产品和服务，探索国际市场。这样的合作可以为学生提供与国际合作伙伴的互动和交流机会，让学生了解国际商业合作的流程和规则，锻炼学生跨文化交流和团队合作能力，同时拓展他们的创业网络和资源。创新创业国际交流与合作不仅有助于学生个人创业能力的培养，同时也为学校和国家创新创业生态系统的建设带来更广阔的空间。学校可以与国外高校或创业园区建立长期的合作关系，共享资源和经验，推动创新创业教育的国际化发展，吸引国际创新创业项目的投资和孵化。

第四节　加强创新创业教育师资队伍建设

一、大学生创新创业教育师资的特点及要求

（一）创新创业理论知识是基本保障

创新创业理论知识，如创业管理理论、创业心理理论、创新理论等，是进行有效创新创业教育的基础。理论知识的广度和深度是衡量创新创业教育师资的重要标准。一个优秀的创新创业教师不仅需要掌握与创业相关的专业知识，还需要对市场经济、管理学、心理学等相关领域有一

定的了解。他们需要具备跨学科的知识视野，能够从多元的视角解读创业现象，指导学生理解创业的复杂性和多元性。此外，创新创业教师还需要具备理论与实践相结合的能力。创新创业活动是一种典型的实践活动，理论知识的应用对于创业成功至关重要。因此，创新创业教师需要能够将理论知识与创新创业实践相结合，既能够向学生传授理论知识，也能够引导他们进行创业实践，培养他们的创新创业技能和创新精神。

（二）创新创业实践经验是现实需求

创新创业教育课程教学除了要求教师具有扎实的创业理论知识，还要求教师拥有丰富的创业实践经验。创新创业教育是以行动为导向的课程活动，教师是课程活动的指导者，所指导的内容应该包含学生在教学过程中获取创业实践体验、积累创业经验、创新实践能力和科技成果转化能力。另外，创新创业作为一项实践活动，与现实社会之间具有非常紧密的联系，创新创业课程中的知识可以很容易在现实生活中得以体现。教师有无丰富的创业实践经验，直接影响创业教育的教学效果。

（三）创新创业管理认知是前进动力

师资队伍的创业管理认知在构建创业教育体系中，无疑是推动前进的动力。创业管理认知指对创业管理各方面的理解和把握，包括创业策略、创业领导力、创业团队管理、创业风险控制等内容。

优秀的创新创业教师必须熟练掌握创新创业策略知识，创新创业策略包括市场定位、竞争策略、商业模式等方面的内容，对于学生的创业成功有着直接的影响。优秀的创新创业教师能够在教学过程中，用生动实例解释策略理论，引导学生理解并应用到自己的创业实践中。创业领导力是创业成功的关键，包括对创业团队的领导、对创业项目的掌控，以及对创业环境的应对等能力。优秀的创业教师需要具备创业领导力，通过行为和态度影响学生，培养学生的领导能力，帮助他们在创业过程中克服困难，取得成功。优秀的创业教师能够帮助学生理解并掌握团队管理的知识和技能，如团队建设、团队沟通、团队冲突处理等，引导学生在团队中扮演不同的角色，培养他们的团队合作精神，提高他们的团队效能。创业风险控制是创业活动的重要保障，优秀的创业教师能够向学生传授风险评估和风险控制的知识，帮助他们在创业过程中减少失误，提高成功率。

二、大学生创新创业教育师资的来源

（一）依托校内教师组建师资队伍

高校内部的教师资源是构建创新创业教育师资队伍的基石。这一群体具备深厚的理论知识和丰富的教学经验，可以为创业教育课程提供坚实的教学保障。然而，创新创业教育并非单纯的理论教学，要求教师能够理解和应用商业模式、市场趋势以及创业策略等实践知识。

对现有教师进行创业理念和创业知识的培训，帮助他们建立正确的创业教育理念，并掌握创业过程中的各种技术和策略。定期举办内部培训、邀请行业专家开展讲座、组织教师参观成功的创业公司等方式是有效手段。对教师进行创新创业教育方法和技巧的培训也是必不可少的。创新创业教育教师需要掌握一系列的教学方法，如案例教学、角色扮演、项目驱动、企业实习等，这要求教师具备一定的创业教育技巧。对于没有创新创业经验的教师，学校可以鼓励和支持他们参与创新创业活动，如担任学生创新创业项目的指导老师，担任创新创业比赛评委，与创业公司进行深度合作等。

（二）依托校外成功人士充实师资队伍

依托行业领先的创业者、企业高管，或者拥有丰富的创业咨询和指导经验的专家充实师资队伍。他们的加入能够将实际的创业经验和最新的行业趋势引入到教学中，为学生提供更为真实和全面的创业视角。在吸引校外成功人士参与创业教育的过程中，学校可以设立各种职位以扩大影响，如特聘教授、讲座教授、行业导师等。这不仅可以使成功人士在日常教学中与学生进行互动，而且还能在关键时刻为学生提供指导和帮助。更重要的是，校外成功人士的参与可以为学生提供丰富的实践机会。例如，他们可以带领学生进行实地考察，让学生深入理解行业和市场的实际情况；他们也可以为学生提供实习和就业机会，帮助学生把理论知识转化为实践技能；他们还可以帮助学生建立行业联系，为学生的未来发展铺设道路。

引入校外成功人士参与创业教育也需要注意一些问题。一方面，学校需要进行严格的筛选，确保引入的人才具备足够的专业素养和一定的教学能力，能够为学生提供高质量的创业教育；另一方面，学校需要对这些成功人士进行适当的教学培训，帮助他们理解和适应教育环境，确保他们的教学方法与学校的教学理念相一致。

（三）依托校友群体完善师资队伍

校友作为母校的毕业生，对学校具有深厚的认同感，可以为学生提供宝贵的创业指导和支持。校友可以分享创业的心得和故事，传递实际的创业经验，让学生从实际案例中学习，并借鉴校友们的成功经验和创新思维，提升自身的创业能力。校友在社会上积累了广泛的人脉关系和资源，可以帮助学生与行业内的专业人士、投资者和合作伙伴建立联系，为学生提供创业项目的资源对接和合作机会。校友的支持能够帮助学生更好地了解行业动态、获取市场信息，为他们的创业项目提供更多的机会和支持。作为校友，他们对学校和学生有着特殊的情感，愿意为学生的创业教育贡献自己的力量。校友可以担任创业导师，为学生提供个性化的指导和建议，帮助学生规划创业路径、解决问题，并与学生建立长期的导师关系，提供持续的支持和指导。此外，学校可以通过建立校友创业网络平台或组织校友创业论坛等形式，促进校友之间的交流和合作，激发创新创业的活力和潜力。这样的平台和活动可以为学生提供更多与校友的互动机会，加强校友与学生之间的联系，促进创新创业教育和实践的深度融合。

（四）大学生创新创业教育师资的评价体系

高校的教师评价制度已经非常完善，但是专门针对创新创业教育的教师评价体系还不多见。为了提高创新创业教育教师的工作效率和积极性，建立合理且完整的教师评价体系和一些激励机制是非常必要的。创新创业教育教师评价有很多与其他教学教师评价相似的地方，同时也有一些不同的方面。针对相似之处，高校可以沿用其他科目教师的评价方式进行操作。关键是如何处理那些不同的评价方面。在讨论之前，有必要先阐述一下这方面的背景。高校学生的就业率一直以来是教育部门考察高校教学水平的一项重要指标，而高校也不可能因鼓励学生创业而降低这项指标。这就导致学校对有关创业教育教师的投入非常有限，很多教师不愿意也不想参与创新创业教育。为改变这种局面，高校不仅要加强对创新创业的教育宣传，还要加大对创新创业教育的投入。只有让教师获得更多的利益，才能吸引更多的优秀教师将时间和精力用于发展创新创业教育上，只有对教师的劳动做出合理的评价，才能从根本上解决创新创业教育不尽如人意的现状。创新创业教育教师评价的不同之处在于，教师要对学生实践水平进行检验和反馈，评价需要经历长期而复杂的过程，需要教师长期关注创新创业教育问题。总之，创新创业教育师资的评价体系是一项复杂的工程，作为师资队伍保障体系构建的一项内容，需要高校管理人员在紧抓创新创业教育的同时，深入把握评价体系的各项内容和指标，坚持公平公正，高校的创新创业教育才能焕发勃勃生机。

三、创新创业教育师资队伍建设的对策

一般而言，创业是就业的一种形式，是具有更高要求的就业。它以实践能力、创新能力和创造能力为基础支撑，创新创业教育对教师的业务技能和综合素质有更高的要求，因此，加强创新创业教师队伍建设，推动创新创业教育快速发展的重点是解决思想观念、就业评价标准、政策导向等软环境与师资队伍建设的制度机制和模式等方面的问题。从影响创新创业教育师资培养的相关因素考察，思想观念、就业评价等政策导向作为软环境具有十分重要的作用。

（一）转变思想观念，积极营造创新创业教育的文化氛围

1. 改变把创新创业等同于自创企业的狭隘创业观

传统上，人们通常将创新创业视为创办企业的过程，忽视了创新创业的多样性和灵活性。学校可以开设相关课程和举办讲座，向学生介绍创新创业的多样性，组织创业活动和比赛，鼓励学生以多样的方式参与创业实践，包括在学校内部设立创新创业项目孵化中心或实验室，提供资源支持和指导服务，让学生在实践中体验不同形式的创新创业。这些措施能够帮助学生转变狭隘的创业观，深化他们对创新创业的认识。

2. 改变以被雇用为本位的就业价值观

传统的就业观念往往以稳定的工作和被雇用为主要目标，忽视了创业的机会和挑战。为了引导学生树立创业意识，学校可以采取多种方式来改变学生的就业价值观。通过课程设置和教学方法的改革，引导学生从被动地等待就业机会转向主动地学习创业知识和技能；开设创业课程和相关专业课程，帮助学生了解创业的基本概念、创业过程中的关键问题和解决方案，培养学生的创业意识和创新思维；鼓励学生积极参与创业实践，为学生提供创业项目孵化和创业资源支持。通过创业实践，学生可以亲身体验创业的过程，感受真实的市场环境和竞争压力，从而提升他们的创业精神和实践能力。

（二）努力构建创新创业教育教师队伍培养的制度机制和创新培养模式

1. 健全完善创新创业教育师资培养的制度

针对目前高校创新创业教师总量不足、整体素质不高且发展不平衡的情况，我们提出以下建议：制定创新创业教师任职条件规范和实施创新创业教师资格准入制度，不断提高创新创业教师的政治思想素质和业务能力；加大创新创业教师的培养和定期培训力度，点面结合，分层推进，力求在短期内培养一大批能够适应创新创业教育要求的专职教师，加强对专业教师的创新创业实践和能力培养，推动专兼结合的创新创业教师队伍的快速成长；注重对创新创业教师队伍的学科结构、职称结构和年龄结构的调整，加强创新创业教师队伍的团队建设。

2. 探索和构建适应学校与社会发展要求的创新创业教育教师培养模式

优秀的创新创业教师是学科知识、专业知识、职业规划和创业实践的统一体，一切有利于适应学校与社会发展要求的教师培养模式都是值得大胆探索的。德国在创新创业教师培养过程中采用了"学科教育＋职业培训＋创业实践"的培养模式。这种模式将学科知识、职业技能和创业实践进行了有机结合，大大促进了教师的全面发展。我们可以借鉴和完善这种模式，根据实际情况进行创新和改进，打造一批能够满足我国教育与社会发展需求的创新创业教师。

第七章 "互联网+"背景下民族高校新工科人才创新创业能力的培养

第一节 "互联网+"概述

一、"互联网+"的内涵

国务院在 2015 年正式颁布了《关于积极推进"互联网+"行动的指导意见》的文件，其中对"互联网+"进行了明确，认为"互联网+"是将互联网的创新技术和产品与所有领域进行了深度结合，共同协作推动技术和组织的创新，进而提高生产效率，实现经济创新，以互联网技术为基础，较大规模地发展经济社会新形态。

随着"互联网+"时代的到来，科技飞速发展，人们的生活也在发生翻天覆地的变化。互联网不再只是作为简单的工具为人们所用，而是凭借着自身的协同和共享功能影响人们的思维和生产生活方式，甚至具有独特的哲学思想。互联网具有泛在性、开放性和平等性等特点。其泛在性体现在其覆盖面广，任何人可以跨越时间和空间与其他对象在互联网上交流信息；其开放性体现在互联网的创立和应用没有界限，可与全社会所有领域的资源进行协同发展；其平等性体现在所有个体在互联网层面上一视同仁，每个人都能获取资源，没有现实中的任何等级区分制度；其协同性体现在社会在其影响下开始朝扁平化发展，互联网通过横向分布协作模式让单个个体保持独立又协作的关系，与不同对象的协同合作能促进互联网的发展；其共享性体现在它可以提供免费分享的服务，并同时让较多人感受到这一服务。通过传感器和网络软件，社会中的人、信息以及资源等被紧密地联系在一起，实现大数据的实时采集。单个对象可以基于自身大数据的整理和分析，建立服务于自身的自动系统，有助于其减少生产和服务的边际成本。

二、"互联网+"的核心特征

"互联网+"的核心特征，如图7-1所示。

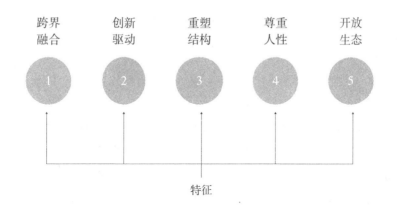

图7-1 "互联网+"的核心特征

（一）跨界融合

以往不同行业和领域之间往往存在较为明确的边界和壁垒，各自独立运作。然而，"互联网+"的出现打破了这些界限，促成了不同行业和领域之间的融合与协同。应用互联网技术和互联网平台使不同领域之间的交叉和融合成为可能。例如，互联网与教育的结合促进了在线教育的发展，互联网与金融的结合催生了互联网金融的兴起。跨领域的融合不仅促进了各个行业的创新和发展，也为用户提供了更便捷、高效的服务和体验。互联网技术的应用使得传统行业之间的融合成为可能。以"互联网＋医疗"为例，通过互联网技术与医疗健康行业相结合，出现了在线问诊、健康管理、医疗资源共享等多种创新服务形式。跨行业的融合推动了传统行业的转型升级，提升了效率和用户体验。此外，"互联网＋"还推动了产业链上下游之间的融合。通过互联网技术和平台的连接，各个环节可以更加紧密地协同合作，形成更加高效的供应链和价值链。例如，通过电商平台的整合，商品的生产、销售、配送等环节可以实现无缝衔接，供应链的效率和灵活性大大提高。

（二）创新驱动

互联网的快速发展与创新密不可分，而"互联网＋"作为与传统行业融合的新模式，更加强调创新的重要性，推动了经济社会的进步和转型。

1. 技术创新

从互联网的起步阶段到现在的快速发展，技术的不断突破和创新大大推动了互联网的发展。例如，云计算技术的出现使得数据存储和处理更加灵活和高效，为企业和个人提供了强大的计算能力和资源共享的机会。大数据技术的应用使得海量数据的分析和利用成为可能，为企业提供了更准确的市场洞察和决策支持。人工智能技术的发展使得机器具备了更强的智能和学习能力，催生了自动化和智能化的应用场景。技术创新为"互联网＋"开辟了新的商业模式和市场机遇。随着技术的进步，传统行业和互联网逐渐融合，创造了许多新的商业模式。例如，共享经济的兴起就是基于互联网技术的创新，跨界融合的核心意义在于通过打破行业和领域的壁垒，实现资源的整合与共享，促进创新和创造力的释放。它为企业提供了更广阔的市场和发展机会，同时也为消费者提供了更丰富、便捷的产品和服务选择。跨界融合还催生了新的商业模式和商业生态，推动了经济的转型和升级。为了促进跨界融合，加强不同领域、行业和企业之间的合作与交流，鼓励创新思维和开放态度，积极探索跨界合作的模式和机制。同时，政府在政策制定和管理方面提供支持和引导，为跨界融合创造良好的环境和条件。

共享平台和在线交易，将闲置资源利用起来，满足了人们的需求。电商平台的发展也是互联网技术创新的结果，为消费者提供了更便捷和多样化的购物体验。技术创新还催生了新的市场机会和创业项目。互联网技术的发展使得创业者可以利用互联网平台和工具创造新的产品和服务。例如，移动应用程序的兴起为创业者提供了广阔的市场空间，许多创业公司通过开发移动应用程序实现了商业化。同时，新兴技术的应用也为创业者提供了探索和创新的机会，例如区块链技术、虚拟现实技术等都催生了许多新的创业项目。

2. 业务创新

"互联网＋"的发展推动了传统行业的业务创新，通过将互联网技术与传统行业相结合，重新设计和优化业务流程，为用户提供更加智能化、个性化的产品和服务。

"互联网＋"为零售行业带来的创新是线上线下的融合。传统的实体零售商通过建立电子商务平台和移动应用，将线上线下进行有机结合。消费者可以通过线上平台浏览和购买商品，并可以自行选择线下门店自提或快速配送的取货方式。线上线下融合的模式提供了更加便捷和个性化的购物体验，同时也加强了企业的渠道整合和品牌建设。

"互联网＋"在教育行业实现了在线学习和个性化教育的转变。传统的教育模式受限于时间和空间的限制，而互联网技术的应用打破了这种限制。通过在线学习平台和教育应用程序，学生可以随时随地学习，选择适合自己的学习内容和方式。教师可以通过在线教学工具进行远程授课和互动交流，为学生提供个性化的学习体验。"互联网＋教育"的创新模式提高了教育资源的普及和可及性，促进了教育的公平性和质量提升。

"互联网＋"还在其他传统行业推动了业务创新。例如，"互联网＋医疗"利用互联网技术实现了远程医疗和医疗资源的共享，提高了医疗服务的效率和便捷性。"互联网＋金融"通过在线支付、电子银行、P2P借贷等创新方式，改变了传统金融行业的服务模式和用户体验。这些业务创新以满足用户需求为导向，大大提升了产品和服务的质量，也使企业的竞争力和市场份额得到了很大提升。

3. 创业创新

互联网的发展打破了传统行业的壁垒和门槛，降低了创业的进入成本。创业者可以利用互联网技术和平台，快速推出创新产品和服务，并与全球范围内的用户进行连接和交流。互联网的广阔市场和无国界性使得创业者能够触达更多的用户和客户，提高创业成功的机会。互联网技术和平台为创业者提供了开发、测试、推广和销售产品的基础设施和工具。例如，云计算和大数据技术为创业者提供了强大的计算和数据分析能力，帮助他们更好地理解市场需求和用户行为。同时，社交媒体和电子商务平台为创业者提供了广告宣传、客户获取、销售渠道等重要资源。此外，互联网的创新环境和开放性也大大促进了创业者的创新思维和实践。互联网的快速发展和不断变化的市场需求要求创业者具备敏捷性和创新能力。创业者通过不断尝试、试错和学习，快速迭代和优化产品，以满足用户的各种需求。互联网的开放性和合作性也为创业者提供了合作伙伴和资源共享的机会，促进了创业者之间的互动和交流。

（三）重塑结构

重塑结构是在互联网时代的背景下逐渐形成的，对传统的关系、文化、经济和社会产生了深远的影响。在这种背景下，关系结构得到了重塑，同时也催生了新的要素和特征。

一方面，互联网的出现使各种身份角色可以相互转换，打破了传统的地理边界限制。用户、股东、服务者和伙伴等角色可以相互转换，改变了人们之间的关系结构。互联网重新定义了管控模式和游戏规则，重塑了商业模式。企业不再仅仅关注消费者需求，而更加注重关系和连接的转换。互联网使信息资源更加对称，突破了物理界限的限制，实现了信息的民主化、创造的民主化和参与的民主化。不确定性成为互联网社会的一个重要特征，分享和共享成为社会发展的新趋势。另一方面，互联网重新定义了合作、雇佣和组织等关系结构。现实世界和虚拟世界被分割开来，动态自组织、自我雇佣和自媒体等概念成为互联网时代的代名词。个人可以定义自己的连接协议，参与决策和协作。互联网也推动了关系结构的变革，企业开始注重协同设计和接触点设计，品牌传播和商业运营也更加关注注意力的集中和引爆点的发现。

互联网降低了社会交易成本，提高了全社会的运营效率。移动终端在互联网时代扮演着重要角色，成为人们生活不可或缺的一部分。互联网满足了人们的购物、娱乐、信息获取、通信和传播等各种需求，并赋予了用户参与设计、创新、传播和内容创造的权利。同时，用户也可以参与管理，例如物流评价和购物体验评价等。

（四）尊重人性

在互联网时代，人的需求和体验成为核心关注点，人性化的服务和体验成为企业和平台竞争的重要因素。

1.用户导向

"互联网+"注重用户体验和满足用户需求。企业和平台通过用户研究和数据分析，深入了解用户的喜好、习惯和需求，从而提供更加个性化、便捷和高质量的产品和服务。通过用户反馈和互动交流，不断改进和优化产品，以满足用户的期望和需求。

2. 强调个性化

"互联网+"提倡个性化服务和定制化体验。通过互联网技术和数据分析，企业和平台能够根据用户的个人特点和偏好，提供量身定制的产品和服务。例如，个性化推荐系统可以根据用户的浏览历史和兴趣偏好，推荐符合其喜好的产品和内容，以提升用户的满意度和忠诚度。

3. 注重参与和共享

"互联网+"鼓励用户的参与和共享。用户可以通过社交媒体、用户评价和内容创作等方式参与产品和服务的共建。用户的意见和反馈被视为宝贵的资源，企业和平台积极倾听用户的声音，然后对产品和服务进行改进。同时，"互联网+"也提倡用户之间的共享和互助，例如共享经济模式中的资源共享和互助服务，让用户互利共赢。

4. 保护个人信息和隐私

"互联网+"强调个人信息的保护和隐私的尊重。随着互联网的发展，个人信息的泄露和滥用问题日益突出，用户对于个人信息的保护和隐私的关注也越来越高。企业和平台应加强数据安全和隐私保护的措施，遵守相关法律法规，确保用户的个人信息得到妥善处理和保护。

5. 人与人的连接和互动

"互联网+"促进了人与人之间的连接和互动。通过社交媒体、即时通信、在线社区等工具和平台，人们可以实时沟通和交流，分享观点和经验，建立和拓展社交关系。人与人之间的连接和互动，使得互联网成了一个充满活力和创造力的社交空间。

（五）开放生态

1. 开放创新

"互联网+"鼓励不同行业、不同领域进行合作与交流。通过跨界合作，各方可以汇集各自的专业知识和资源，共同解决问题，推动创新发展。开放性的合作模式有助于突破传统行业的束缚，创造新的商业模式和市场机会。开放的创新生态系统鼓励知识的开放性流动，激发更多的创新思维和创业活力。开放创新鼓励用户的参与和反馈，用户作为创新的重要参与者，可以提供有价值的意见和建议，帮助企业不断改进产品和服务，从而使用户体验和企业竞争力得到大大提升。

2. 开放数据

"互联网＋"依赖于数据的共享和交互。开放数据使得不同应用和服务可以共享数据资源。通过数据的共享，不同企业和组织可以获得更全面、准确的信息基础，从而提升决策的科学性和准确性。数据共享促进了企业间的合作与协同，加速了创新和发展的步伐。开放数据为企业和决策者提供了更全面、准确的信息基础，通过对大数据的分析和挖掘来获取商业价值。数据驱动的决策可以帮助企业更好地把握市场动态、优化业务流程，并迅速适应变化的环境。通过开放数据，开发者可以利用现有的数据资源，开发创新的应用和服务，满足用户的个性化需求，提升用户体验，推动技术和业务的发展。

3. 开放平台

"互联网＋"建立了开放的平台模式，为企业和个人提供了构建应用和业务的基础设施和服务。开放平台的核心特点是共享资源、技术支持和市场机会。

开放平台通过提供共享的技术资源和基础设施，使创业者和开发者能够快速部署应用。例如，云计算平台为创业者提供了弹性的计算和存储资源，有效降低了技术成本和时间成本。同时，开放平台还为人们提供了丰富的开发工具和接口，使开发者能够使用平台提供的服务，从而加速应用开发和上线的过程。除了共享资源，开放平台还提供技术支持。平台提供开发文档、示例代码、技术培训等支持资源，帮助开发者更好地理解和使用平台的功能和特性。平台的技术团队提供技术支持和解决方案，帮助开发者克服技术难题和实现应用的功能需求。开放平台还为企业和个人提供市场机会。平台还提供支付、推广、营销等服务，帮助开发者更好地实现商业化。同时，平台还可以提供用户行为数据和分析报告，帮助开发者了解用户需求和行为，优化产品和服务。

4. 开放合作

开放合作不仅限于企业间的合作，也包括企业与用户、企业与政府、企业与社会组织之间的合作。例如，企业与用户之间可以通过用户参与、反馈和共创的方式进行合作，提高产品的质量和用户的服务体验。企业与政府可以合力推动政策支持、市场准入和资源配置，促进创业创新的良性发展。企业与社会组织可以共同解决社会问题，推动可持续发展和社会责任的实现。开放合作能够整合各方的优势和资源，实现资源共享和互补。合作可以促进技术、经验和市场的共享，提高创新的效率和质量。合作还可以整合用户基础，扩大各品牌的市场份额和影响力。开放合作还能实现创新的共同创造和分享价值。合作伙伴之间可以通过知识共享、技术交流和协同创新，共同推动技术和业务的发展。

5. 开放社区

在"互联网+"生态系统中，开放社区扮演着重要角色。开放社区是用户、开发者和企业互动和交流的平台，用户可以在社区互动、讨论和分享经验，通过交流、互助来提升自身的技能和知识。社区还可以成为用户获取支持和解决问题的重要途径，帮助他们更好地应对挑战和提升能力。开发者可以在社区与其他开发者交流经验、分享技术，从而共同应对技术难题。社区也提供了参与开源项目和合作开发的机会，以促进技术的进步和创新。在社区，创业者和创新者可以与潜在合作伙伴相遇、交流想法和寻求支持。社区的开放性和共享性有助于激发创新创业的活力，为新的创业项目和商业模式的孵化提供良好的平台。

第二节 "互联网＋"背景下大学生创新创业素质与能力要求

一、"互联网＋"背景下大学生创业者应具备的素质

创业生活方式不仅受家庭条件、职业划分、平台支撑和环境变化的影响，还与个人的内在需求和追求息息相关。创业者要明确自己真正喜欢做什么，对什么有渴望，这个过程需要深入反思和探索，以确定自己真正热爱和擅长的领域。当找到了自己的热情所在后，就应该全身心地专注于这个领域，并努力将自己的才能发挥到极致。

（一）强烈的创业欲望

强烈的创业欲望是大学生创业成功的基石。创业是一项艰巨而具有风险的任务，需要面对各种挑战和困难。只有拥有强烈的创业欲望，才能够持之以恒地追求梦想，并在困境中保持积极的心态。创业欲望能够激发大学生创业者的潜能，让他们愿意承担风险和付出努力，以实现自己的创业目标。强烈的创业欲望驱使创业者不断学习和成长，创业是一个不断学习和适应变化的过程。只有拥有强烈的创业欲望，创业者才会对行业动态保持敏感，持续学习和掌握最新的知识和技能。在"互联网＋"时代，创新是推动创业成功的关键。只有拥有强烈的创业欲望，创业者才会不断挑战传统观念，尝试新的商业模式和创新的方法，实现个人和社会的双赢。强烈的创业欲望还能帮助创业者建立坚定的信念和品牌价值观。另外，在创业过程中也会面临各种选择和诱惑，只有拥有强烈的创业欲望，他们才能坚守自己的信念，保持对品牌价值观的坚守，在市场竞争中脱颖而出，赢得用户的信任和忠诚。强烈的创业欲望使创业者

具备坚定的信念，他们对自己的产品或服务充满信心，坚信自己的品牌价值能够带来积极的影响。这种信念和品牌价值观的坚守将使他们在激烈的市场竞争中更具竞争力。总之，创业者只有具备强烈的创业欲望，才能保持坚定的信念，不轻易妥协，始终坚守自己的品牌价值观和秉持自己的使命和愿景，努力实现自己的目标，不为短期利益所动摇。

（二）广博的见识和开阔的眼界

在"互联网＋"时代，技术和市场变化迅速，新的创业机会和商业模式层出不穷。创业者应该有广博的知识储备，了解不同领域的发展动态和前沿技术。这样，他们才能更准确地判断行业趋势，洞察市场需求，为创业提供有力的支持和指导。互联网的发展使得各国之间的联系更加紧密，市场的竞争不再局限于国内范围。创业者应该有开阔的眼界，关注国际市场和全球化趋势。他们需要了解不同国家和地区的创新创业环境，掌握国际商务和合作的规则，寻找国际合作伙伴和市场机会，与全球化趋势保持同步。"互联网＋"的特点是将不同行业和领域进行融合，创造新的商业模式和产品。创业者需要有广博的知识背景，能够将不同领域的知识和技能进行跨界整合，创造独特的竞争优势。开阔的眼界能够激发创业者的创新思维，从多个领域获取灵感和启示，推动创业创新的发展。广博的见识和开阔的眼界还能提升创业者的人际交往能力和合作能力。创业往往需要与各种人群进行合作，包括投资人、合作伙伴、员工和用户等。拥有广博的见识和开阔的眼界，创业者能够更好地理解和适应不同背景和观点的人群，建立良好的人际关系，并进行有效的合作。

开阔的眼界有助于创业者能够跳出传统的思维模式，接触更多的创新思想和商业模式，吸纳外部的创新元素，借鉴成功的商业模式，为自己的创业项目带来新的灵感和创意。

（三）良好的商业嗅觉

在"互联网＋"的背景下，市场的快速发展和变化为创业者带来了无数机遇，但同样伴随着风险和不确定性，良好的商业嗅觉成了创业者成功的关键因素之一。商业嗅觉不仅仅是对市场信息的敏感，更是对市场动态、消费者行为和新兴技术趋势的深入了解和快速反应。更重要的是，在"互联网＋"的大背景下，信息的传播速度极快，消费者的需求和偏好也在不断变化，因此，具备良好的商业嗅觉意味着创业者能够在海量信息中捕捉到真正有价值的机会，并迅速将之转化为具体的商业策略和行动。

商业嗅觉并不是天生就有，而是需要在实践中不断培养和锻炼的。与其他创业者、行业专家和投资者的交流和合作也是培养商业嗅觉的重要途径，只有在不断的实践中，大学生创业者才能真正形成对"互联网＋"市场的深入了解和敏锐的洞察力，从而成功地把握住创业的机会和方向。

（四）丰富的人脉资源

互联网经济强调开放、合作与共赢，因此，稳固而广泛的人脉网络可以为创业者带来多方面的支持，无论是资金、技术、市场还是策略。特别是在互联网行业，信息传播的速度惊人，拥有良好的人脉资源意味着创业者可以更快速地捕捉到行业动态，获取第一手的市场信息和用户反馈，以及与潜在的合作伙伴或投资者建立联系。

对于大学生创业者来说，专业知识和技能具有一定的优势，但人脉资源可能相对薄弱。他们应该积极参与各种行业活动、论坛和研讨会，与行业内的前辈、专家、投资者以及其他创业者建立联系。互联网为大家提供了更加便捷的社交工具和平台，如 Linkedin、微信等，大学生创业者应充分利用这些工具，扩展自己的人脉网络，为创业项目筹备必要的资源。真正的人脉不只是数量，更重要的是质量，与他人建立深度的互信关系，形成长期的合作伙伴关系，将为大学生创业者的事业发展提供持续而稳定的支持。

（五）智勇的谋略

创业者需要对市场趋势、竞争对手、用户需求等因素做出准确分析和判断。通过收集、整理和分析大量的信息，创业者能够洞察市场机会和潜在风险，为创业决策提供有力的依据。创业者应敢于冒险尝试新的商业模式、创新的产品或服务，积极寻求突破和创新，从而在竞争激烈的市场中脱颖而出。创业者需要在复杂的商业环境中做出明智的决策，权衡各种因素和风险，选择最适合的策略和路径。并且，创业者要有执行力，能够将想法和计划转化为实际行动，并持之以恒地推动项目的落地和发展。

在"互联网＋"的时代背景下，商业环境变化迅速，市场竞争激烈，创业者面临着各种机遇和挑战。智勇的谋略能够帮助创业者更好地应对变化、抓住机会，并在竞争中取得成功。

（六）善于自我反省

互联网行业的特点是信息传递快、变化多端，这要求创业者必须具备快速学习和适应的能力，而自我反省就是有效的手段，帮助他们意识到自己的知识和经验可能已经过时，需要不断地学习新知识、技能和方法，以满足行业的发展需求。由于互联网业务的复杂性和多样性，即使是微小的决策错误也可能导致严重的后果，通过自我反省，大学生创业者可以及时发现并纠正这些错误，避免更大的损失。自我反省还能帮助他们更好地理解客户的需求和期望，更加精准地制定策略和方案，提高项目的成功率。

在"互联网＋"背景下，大学生创业者往往面对来自各方的评价和反馈，这些信息可能是宝贵的，也可能是误导的。善于自我反省的创业者能够更加客观地评估这些信息，从中筛选出有价值的建议，而不是盲目地跟风或受到负面评论的影响。自我反省能力使他们在追求创新的同时，不会失去对基本原则和价值观的坚守，确保他们的决策既有前瞻性又有稳健性。

二、"互联网+"背景下大学生创业者应具备的能力

在"互联网+"背景下，大学生创业者至少应具备以下能力，如图7-2所示。

学习能力 3

对新事物的迅速接受能力 2

社交能力 1

4 风险管理与决策能力

5 项目管理与执行能力

图 7-2 "互联网+"背景下大学生创业者应具备的能力

（一）社交能力

在"互联网+"时代，社交能力不再局限于面对面的互动，而是涵盖了线上与线下的广泛交往。

第一，社交能力对于获取和维护资源至关重要。在"互联网+"的背景下，许多资源通过社交平台、行业交流会、网络论坛等方式得以传播和分享，大学生创业者需要通过积极的社交互动，与潜在的合作伙伴、投资者、供应商等建立联系，了解行业动态和最新技术，只有与人有效互动，才能使自己的创业项目获得更多的关注和支持，进而获得资金、

技术和市场等关键资源。

第二，社交能力对于市场推广和品牌建设尤为关键。在互联网时代，消费者的购买决策很大程度上依赖于社交媒体上的评价、分享和推荐。大学生创业者需要学会如何通过社交媒体来与目标用户建立联系，了解他们的需求和期望，收集反馈，并据此调整产品和服务。有效的社交互动有助于塑造品牌形象，传播品牌价值观，从而获得消费者的信任和支持。

第三，社交能力关系到团队建设和管理。无论是寻找合作伙伴，还是招聘员工，有效的社交都是关键，大学生创业者要学会通过社交平台、行业交流会等方式来发掘和吸引有才华的人才，为自己的创业项目注入新的活力和创意。作为团队的领导者，他们还需要懂得如何与团队成员有效沟通，调动大家的积极性和创造性，共同实现创业目标。

（二）对新事物的迅速接受能力

1. 对新事物的迅速接受能力可以帮助创业者紧跟科技发展的脚步

随着科技的不断进步，新的技术和工具不仅改变了人们的生活方式，也为创业者带来了新的商机。创业者如果能够迅速接受和了解新事物，就能更早地发现市场的需求和潜在的商机，并通过创新的方式来满足需求。这样，创业者就能够在竞争激烈的市场中占据先机，获得更大的商业成功。在"互联网+"时代，技术创新是推动商业发展的重要驱动力。创业者如果能够迅速接受并掌握新的技术，就能够在产品和服务的创新方面具备竞争优势。这样，创业者就能够吸引更多的用户和客户，与竞争对手形成差异化的市场地位。

2. 对新事物的迅速接受能力有助于把握新的商业模式和市场趋势

在"互联网+"时代，共享经济、平台经济、定制化服务等新的商业模式改变了传统的商业运作方式。创业者如果能够迅速接受和理解这些新的商业模式，就能够在市场中找到自己的定位，寻求与其他行业的跨界合作，以及更好地满足消费者的需求。这种能力可以帮助创业者抓住机会，创造独特的商业价值，并在市场竞争中取得成功。市场需求和消费行为在"互联网+"时代发生了巨大的变化，创业者需要敏锐地观察和理解这些变化，及时调整自己的产品定位和市场营销策略，以满足消费者的需求。例如，随着消费升级的趋势，消费者对于个性化、定制化的需求日益增加，创业者如果能够迅速接受这一趋势，就可以针对性地开发出符合市场需求的产品和服务，获得更多的市场份额。在"互联网+"时代，市场竞争日益激烈，新的创业项目和竞争对手不断涌现。创业者如果能够迅速接受新的商业模式和市场趋势，就可以及时调整自己的创业策略，保持市场的敏锐度和竞争力，更好地把握市场机会，避免被市场淘汰，同时也能够更好地适应市场变化。

3. 对新事物的迅速接受能力有助于创业者与年轻一代用户的连接

年轻用户的消费习惯和价值观与传统观念存在较大差异，他们更加注重个性化、定制化的体验，并倾向于使用新的科技和应用来满足自己的需求。创业者如果能够迅速了解年轻用户的行为特征和消费动态，就能够更好地把握他们的需求，精准地开发出符合他们口味的产品和服务。年轻用户在社交媒体和数字平台上活跃，更愿意通过这些渠道与创业者进行互动和沟通。创业者如果能够迅速接受新的技术和平台，熟悉各种社交媒体的使用方式，就能够更好地与年轻用户进行互动，建立起真实而有效的连接，了解他们的需求和意见反馈，从而进一步改进和优化自己的产品和服务。新事物迅速接受能力还有助于创业者推出创新的产品和服务，以满足年轻用户的需求。年轻用户对于新奇和创新的产品更感兴趣，他们希望体验到独特的产品和服务，具备个性化和个性化定制的特点。创业者如果能够迅速接受新的事物，了解新技术和创新的商业模式，就能够开发出具有差异化竞争优势的产品和服务，吸引年轻用户的关注和消费。

4.对新事物的迅速接受能力有助于创业者持续创新和保持竞争优势

创新是创业成功的关键，而创新往往源于对新事物的接受和理解。创业者需要时刻关注市场的新趋势、新技术和新需求，以保持对新事物的敏感度。通过迅速接受新的事物，创业者可以不断获得新的创意和灵感，激发创新思维，并将其应用到创业项目中。科技的快速发展带来了许多新的技术和工具，可以帮助创业者提升产品和服务的质量和效率。创业者如果能够迅速接受新的技术和方法，就能够将其应用到自己的创业项目中，提升产品的竞争力。例如，借助人工智能和大数据分析技术，创业者可以更好地了解用户需求，优化产品设计，提供个性化的服务，从而赢得用户的青睐。此外，对新事物的快速接受能力有助于推动创业项目的演进和发展。市场环境的变化要求创业者及时调整自己的创业策略和业务模式。通过快速接受新事物，创业者可以及时了解市场的变化和用户的需求，并做出相应的调整。这种灵活性和敏捷性使得创业者能够持续创新，适应市场变化，并保持竞争优势。

（三）学习能力

在"互联网+"时代，市场需求日新月异，创业者需要保持对市场变化的敏感度，并及时调整自己的创业策略和业务模式。学习能力有助于创业者持续学习市场趋势、行业动态和竞争对手的变化，及时获取最新的信息和知识，从而做出明智的决策和调整。学习能力使得创业者能够更好地适应市场的变化，保持竞争优势。学习能力有助于创业者不断学习和提升关键技能，提高自身的专业素养和能力水平。创业者还应该关注领域内的最新研究和前沿技术，以保持自身的竞争力。通过不断学习和自我提升，创业者能够更好地应对挑战，提高创业项目的成功率。创新是创业成功的关键，而学习是培养创新思维的重要途径。学习能力有助于创业者接触不同领域的知识和观点，拓宽思维边界，从而激发创新的灵感和想法。学习能力还可以帮助创业者学习借鉴他人的成功经验和失败教训，以避免重复错误，提高自身的判断力和决策能力。

（四）风险管理与决策能力

与传统行业相比，互联网创业项目经常面临技术的快速迭代、对手的激烈竞争、用户需求的多变性、信息安全等各种风险。

决策能力在"互联网+"时代变得尤为重要。大数据和分析工具为创业者提供了前所未有的决策依据，大学生创业者应该学会如何利用这些工具进行数据驱动的决策。纯粹的数据分析并不能回答所有问题，在某些情况下，尤其是在市场还未形成或数据不完整的初创阶段，创业者要依靠直觉和经验。

为了有效地管理风险和做出明智的决策，大学生创业者需要掌握一系列的风险管理策略和工具，比如，采用敏捷开发方法来快速试验新的想法，通过MVP（最小可行性产品）来验证市场需求，或者利用云计算和其他技术来降低技术开发的风险。建立多元化的团队，从不同的角度看待问题，帮助创业者更全面地评估风险。

（五）项目管理与执行能力

在互联网时代，项目的成功与否直接关系到产品的生死。高效、准确的项目管理能够确保产品按时上线，满足市场需求。更重要的是，互联网项目往往涉及多方利益相关者，如技术团队、营销团队、用户等，在复杂的环境中进行有效管理，确保各方需求得到满足，是大学生创业者亟待掌握的技能。

执行能力在"互联网+"时代应同样被高度重视。互联网的一个显著特点是快速，产品的迭代更新速度快，市场的反应速度也快，这要求创业者不仅要有明确的战略和计划，更要有迅速有效的执行能力，确保团队能够按照既定的路线图快速行动，这是对个人执行力的考验，也是对团队协同工作能力的考验。在跨职能、多文化、远程协作的团队中确保高效执行，是大学生创业者在"互联网＋"背景下需要面对的挑战。

第三节　中国"互联网＋"大学生创新创业大赛模式

一、中国"互联网＋"大学生创新创业在大学生创新能力培养方面的意义

（一）为大学生提供了锻炼和展示创新能力的平台

中国"互联网＋"大学生创新创业大赛（简称"互联网＋"大赛）为大学生提供了实践平台，使他们能够将理论知识应用到创新创业实践中去。通过参与"互联网＋"大赛，大学生可以将知识与实践相结合，从而更加深入地理解和应用知识。在实践中，大学生将面临各种挑战和问题，需要动手解决，培养了解决问题的能力和实际操作的技能。参与"互联网＋"大赛可以帮助大学生锻炼创新思维和创业能力。创新思维是培养大学生创业精神和创新能力的重要环节。通过参与"互联网＋"大赛，大学生可以接触不同领域的创新想法和商业模式，从中学习更多的创新理念和实践经验。大赛还鼓励大学生挖掘问题并提供创新解决方案，培养他们思考市场需求、探索新技术和商业模式的能力。这将有助于激发大学生的创新潜能和创业精神，为他们未来的创业和职业发展打下坚实的基础。

（二）有助于培养大学生的创新意识和创业精神

"互联网＋"大赛促使大学生深入思考并挖掘创新机会。在比赛过程中，大学生需要通过市场调研、行业分析和创新思考等方式，发现问题

和机遇，并制定相关的解决方案。这就要求大学生具备敏锐的观察力和洞察力，能够抓住市场的痛点和机会。此外，参与"互联网+"大赛可以帮助大学生培养对市场的敏感性，进一步激发他们的创新意识。大学生可以通过与其他参赛者的竞争和合作，学到不同领域的创新理念和商业模式。比赛过程中的交流和合作也可以帮助大学生拓宽视野，了解不同行业的创新趋势和成功案例，这有助于培养大学生的团队合作精神和创新能力，让他们能够更好地应对日后的创业挑战。大学生可以通过比赛展示自己的创新项目和创业计划，向评委和观众展示他们的能力和成果。这不仅是对大学生创新能力的一次考核，也是展示他们创业潜力的一次机会。通过参加"互联网+"大赛，大学生可以增加自信心，认识到自己的创新潜力，并进一步激发他们的创业精神。

（三）促进创新创业教育的发展

"互联网+"大赛为学校创新创业教育提供了一个有效的实践平台。大赛鼓励学生运用所学知识和技能解决实际问题，参赛学生需要通过市场调研、创意设计、商业策划等一系列实践活动，锻炼自己的创新思维和实践操作能力。"互联网+"大赛吸引企业、投资机构、专业导师等创新创业领域的专业人士参与评审和指导工作。这些专业人士会提供创业经验、商业资源和专业指导，为学生的创新创业项目提供支持和帮助。同时，大赛还能引起更多人的关注，吸引更多的社会资源，并提高创新创业教育的影响力和认可度。"互联网+"大赛促使学校积极开展教育模式的创新和改革。学校可以加强创新创业教育的课程设置，增加实践环节和创业项目的开展，为学生提供更多展示自我的机会和平台，并鼓励教师和学生积极参与创新创业研究和实践，促进学校创新创业教育的全面发展。

二、中国"互联网+"大学生创新创业大赛规则解析

（一）中国"互联网+"大学生创新创业大赛赛事解析

1.参赛项目的主要类型

中国"互联网+"大学生创新创业大赛是一个重要的平台，通过这个平台，大学生可以将新一代的信息技术如移动互联网、云计算、大数据和物联网与经济社会各领域进行紧密结合，创新和发展基于互联网的新产品、新服务、新业态和新模式。这不仅能促进产业升级以及信息化和工业化深度融合，还可以促进制造业、农业、能源、环保等产业的转型升级。同时，互联网通过创新网络化服务模式，促进互联网与教育、医疗、交通、金融、消费生活等的深度融合。

在中国"互联网+"大学生创新创业大赛中，参赛项目的主要类型非常丰富，包括以下几个方面：首先是"互联网+"现代农业，包括农林牧渔等领域。其次是"互联网+"制造业，包括智能硬件、先进制造、工业自动化、生物医药、节能环保、新材料、军工等领域。此外，还包括"互联网+"信息技术服务，如工具软件、社交网络、媒体门户、数字娱乐、企业服务等；"互联网+"商务服务，如电子商务、消费生活、金融、旅游户外、房产家居、高效物流等；"互联网+"公共服务，如教育文化、医疗健康、交通、人力资源服务等；以及以社会价值为导向的非营利性的"互联网+"公益创业。

参赛项目必须真实、健康、合法，无任何不良信息，并且必须尊重他人的知识产权，更不得侵犯他人的知识产权。所涉及的发明创造、专利技术、资源等必须拥有清晰合法的知识产权或物权。如果涉嫌抄袭、盗用、提供虚假材料或违反相关法律法规的情况，一旦被发现，将立即取消参赛者的相关权利，并需要承担一定的法律责任。如果参赛项目涉及他人知识产权，需要在报名时提交完整的、具有法律效力的知识产权

所有人书面授权许可书、专利证书等。而已经完成工商登记注册的创业项目，在报名时则需要提交单位概况、法定代表人情况、股权结构、组织机构代码复印件等相关证明材料。

2. 参赛项目分组及参赛条件

中国"互联网＋"大学生创新创业大赛对参赛项目进行了明确的分组和参赛条件设定，以更好地满足不同创业阶段的大学生的需求和能力。大赛设立了创意组、初创组和成长组三个比赛组别，根据参赛项目的发展阶段和已获得的投资情况进行分类。

（1）创意组的参赛项目应该有较好的创新想法，并已形成初步的产品原型或服务模式，但还未完成工商登记注册。参赛申报人需为项目的负责人，必须是普通高等学校的在校学生，包括本专科生和研究生，但不包括在职学生。

（2）初创组的参赛项目必须已经完成工商登记注册，但注册时间不满3年，且获得的机构或个人股权投资不超过1轮。参赛申报人应为企业的法定代表人，必须是普通高等学校的在校学生或毕业5年以内的毕业生。

（3）成长组的参赛项目要求工商登记注册已经超过3年，或者虽然注册时间不满3年，但已获得的机构或个人股权投资达到2轮次以上。参赛申报人应为企业的法定代表人，必须是普通高等学校的在校学生或毕业5年以内的毕业生。

大赛以团队为单位进行报名，允许不同学校的学生组成跨校团队参赛。每个团队的参赛成员必须不少于3人，且必须是项目的实际参与者。参赛团队所报名的创业项目必须是由本团队策划或经营的，不允许借用他人的项目参赛。这些条件旨在鼓励大学生们以团队的形式进行创新创业，并尽可能确保参赛项目的真实性和公平性。同时，通过对不同阶段创业项目的分类，大赛也能够更好地满足各类创业项目的需求，帮助其找到合适的发展路径和策略，推动中国的创新创业活动进一步发展。

3. 大赛赛制与时间节点

中国"互联网+"大学生创新创业大赛制定了详细的比赛制度和时间节点，以便于管理和组织比赛。

大赛采取三级赛制，分为校级初赛、省级复赛和全国总决赛。校级初赛由各高校组织，省级复赛由各省、自治区、直辖市负责，而全国总决赛则由各地区根据大赛组委会设定的配额推荐优秀项目参加。这一制度既确保了各级比赛的公平性和有效性，又充分发挥了各级组织的主观能动性。

在项目选拔过程中，大赛组委会将综合考虑各地报名团队数量、参赛高校数量以及创新创业教育工作情况等因素，以公平公正的方式分配决赛名额。每所高校入选全国总决赛的团队总数不超过4个，总决赛共选拔600个项目，经过网络评审后，将有120个项目进入全国总决赛现场比赛。

大赛的时间节点也十分清晰。报名从3月至5月，参赛团队可以通过多种方式进行报名，如登录全国大学生创业服务网、使用大赛APP或微信公众号。初赛和复赛从6月至9月，各省、自治区、直辖市和高校需登录全国大学生创业服务网进行报名信息的查看和管理。大赛组委会将统一创建和分配省级账号，而校级账号则由各省、自治区、直辖市创建、分配和管理。初赛和复赛的具体比赛环节、评审方式由各高校和地区自行决定。

（二）中国"互联网+"大学生创新创业大赛评审说明

1. 评审专家委员会成员及赛事评审内容

中国"互联网+"大学生创新创业大赛的评审体系在保证评审公正性的同时，也对参赛团队进行了全方位的考核，有利于激发大学生的创新创业精神，并进一步提升他们的创新创业能力。

大赛评审专家委员会的构成有广泛的代表性，委员会成员来自各领域，包括行业企业、创投风投机构、大学科技园、高校以及科研院所等。多元化的评审团体，可以保证评审过程中各方面的专业性与公正性，既能对参赛项目的实质内容做出深入的评审，也能为大学生提供丰富的创新创业指导。

评审内容涵盖了创业过程的各个阶段，包括项目计划书评审、项目展示与答辩、投资人面谈以及项目互换互评。每一环节都对参赛团队的不同能力进行了全面考察。项目计划书评审环节突出创意组的创意价值以及初创组、成长组的实际经营情况，内容涉及产品介绍、市场分析、商业模式、财务分析等多个方面。项目展示与答辩环节要求参赛团队进行详尽展示并回答评委的提问，这一环节可以充分考察团队的展示能力和应变能力。投资人面谈环节则是创业过程中非常重要的一环，参赛团队需要与风险投资人进行深入的交流并制定投资方案，这一环节既检验了团队的沟通能力，也检验了团队的实战能力。最后，项目互换互评环节为参赛团队提供了一个相互学习、互相提升的机会，同时也能让评委看到参赛团队的评析能力。

2. 项目评审的规则与要点

（1）创意组项目评审规则与要点。中国"互联网＋"大学生创新创业大赛对创意组项目的评审过程设定了四个主要评判维度：创新性、团队情况、商业性，以及带动就业前景。每一个维度都对参赛团队的创业计划进行了细致的考察。

创新性维度的评分占总分的40%，强调大赛对于原创创意和创新精神的重视。评审团体期望参赛项目能够在销售、研发、生产、物流、信息、人力、管理等方面寻找创新的突破点，并能够实现与高校科技成果的转移与转化。团队情况占总分的30%，这一评审维度考察了团队成员的背景、团队分工与业务互补情况、组织架构、持股情况等多方面因素。评审团体将观察参赛团队是否有实现创新突破的具体方案和可能的资源基础。在商业性维度，评审团体强调项目在商业模式设计、机会识别、竞争与合作、技术基础、服务或产品设计、资金及人员需求、法律法规限制等方面的可行性，这一部分占总分的25%。在调查研究方面，评审团体更倾向于田野调查和实际操作检验，这也体现了大赛对于实际操作经验的重视。带动就业前景这一评审维度虽然只占总分的5%，体现了大赛对于社会责任的关注。参赛项目的发展战略和规模扩张策略的合理性和可行性都将被综合考察，以预测该项目可能对社会就业的影响。

（2）初创组、成长组项目评审规则与要点，对于中国"互联网＋"大学生创新创业大赛中的初创组与成长组项目，评审规则以及评分侧重点有别于创意组，其主要集中在四大要素：商业性、团队情况、创新性，以及对就业的推动情况。

商业性成为主要的考核项目，占总分的40%。商业性的考核，关注项目的生命周期、经营收入、税务、持续性盈利能力、市场份额以及市场营销策略等实际运营的情况。同时，评审关注项目的增长性，以市场容量、扩展可能性、未来五年的增长计划和可能性作为主要的考核标准。此外，商业模式的完整性与可行性，以及项目在机会捕捉、竞争策略、技术基础、产品设计、人力资源需求、资金需求、法规限制等方面的表现，也是考核的重要内容。在融资方面，主要考察融资需求以及资金使用规划。

团队情况占总分的30%，这方面的考核涉及团队成员的教育和工作背景、价值观、擅长领域、分工、业务互补性、组织结构、人员配置、领导层成员、创业顾问、主要投资人和持股情况等各个方面。此外，项目与战略合作企业的关系也是考核的一部分。创新性，依然是重要的评审维度，占总分的20%，评审将鼓励原创创新，且突出利用互联网技术、思维，对销售、研发、生产、物流、信息、人力、管理等方面进行创新与突破。同时，评审积极推动项目与高校科技成果的转移和转化。带动就业情况占总分的10%。考察项目的社会就业影响，发展战略与扩张策略的合理性，产业链的紧密程度和带动效率，以及其他社会效益。这也体现了大赛对于社会责任的关注。

三、中国"互联网＋"大学生创新创业大赛项目精要

（一）中国"互联网＋"大学生创新创业大赛项目的选择

中国"互联网＋"大学生创新创业大赛项目来源的多样性是其重要特征。项目的主要来源有以下 10 个。

1.学生自主创新的项目

大赛的项目中，学生自主创新的项目一直占有重要的地位，这种项目源于学生的自主创意、创新思维和商业机遇发现。这样的创新创业项目有两个主要的特征。第一，这类项目充分展现了大学生的特色和个性。从科技到艺术，从社会学到经济学，大学生都展示了他们的独特视角和解决问题的方法。这些想法往往是在传统的学术框架之外产生的。这些想法源于学生自身的生活经历和独特视角，他们的想法往往突破常规，反映了他们的创新精神和独特视角。这种独特性体现在项目的方向、方法、设计和执行中，彰显了大学生自主创新的能力。第二，学生自发的创新创业项目通常与学生熟悉的学习生活环境密切相关。在学生的日常生活和学习环境中，他们可以直接观察和体验问题，对问题有更深入、更全面的理解。这使他们能够针对真实的问题提出解决方案，也使他们的解决方案更贴近实际，更具有实施可能性。这种项目往往强调实际操作和实际效果，强调对实际问题的解决，这也是这一类型项目的独特之处。

2.科技成果转化的创业项目

科技成果转化的创业项目是科研成果与创新创业的重要交汇点。这类项目注重的是如何将科学研究和技术开发的成果，通过后续的实验、开发、应用和推广，最终转化为新的产品、新的工艺、新的材料，以此提升生产力，促进新产业的发展。自 2015 年以来，中国的科技成果转化工作已经在法律上得到了明确的规范。此后，教育部与科技部在 2016 年联合发布了相关的实施细则，以期在法规指导下，推动科技成果的转化

和创新创业的发展。如今，越来越多的高校和科研机构注重将科研成果转化为具有实用价值的产品或服务，进而为大学生创新创业项目提供了重要的技术支持和资源。科技成果转化类的创业项目有一个显著特点，即教学、科研与创新创业的有机结合。这种"三合一"的模式有效地整合了教育和科研资源，同时也能够激发大学生的创新精神和实践能力，不断推动大学生的创新创业，促进科研成果的产业化发展，从而创造更大的社会经济价值。

3. 产教融合的创新创业项目

产教融合的创新创业项目，以其独特的模式，成为当前创新创业活动的重要方向。这一模式通过将学校与产业紧密结合，将教育、科研和科技服务有机融合，使学校成为具有产业属性的经营实体。产教融合的创新创业项目具有明显的特征。首先，由于学校与产业的紧密结合，大学生可以快速地获取与产业相关的需求信息，进而形成符合市场需求的创新创业项目。其次，通过这类创业项目，大学生可以帮助当地企业进行转型升级，实现"互联网＋"的产业发展模式，以提高产业的整体竞争力。此外，产教融合类的创新创业项目能为大学生提供丰富的实践经验，提高他们的创新能力和创业技能，培养他们的团队合作精神和领导力。因此，产教融合的创新创业项目对于培养新一代的创新型人才，推动产业转型升级，实现产教深度融合具有重要意义。

4. 学校优势学科的创业项目

大赛项目的一个重要来源是学校的优势学科。这种创业项目旨在通过结合优势学科的研究成果，转化为具有实用价值的产品或服务。优势学科创业项目的核心特征是其学科专业性和创新性的结合。其一，这类项目是在本校特定专业和特色学科的基础上发展出来的，不仅体现了学校的专业优势，同时也通过专业的实践活动推动学科的发展。其二，通过创新创业活动，学校可以强化学科特色和专业优势，形成与其他学校不同的办学特色和优势。

5.互联网新技术的创业项目

在技术革新潮流中，互联网新技术的创业项目开始引起了人们的广泛关注。这些项目的核心在于利用新兴的互联网技术，如虚拟现实（VR）、人工智能（AI）、物联网、大数据和云计算等，实现技术创新和应用创新，以推动社会和经济的发展。

互联网新技术创业项目的显著特性主要表现为互联网技术领域的巨大进步。这些进步正在重塑全球的连接方式，并重新配置社会资源。与"互联网+"相结合的创业项目，特别是在"互联网+"大赛中涌现出来的创新创业项目，凸显了新技术与应用创新相结合的趋势。许多项目通过深度整合虚拟现实（VR）、人工智能（AI）、物联网、大数据和云计算等技术，开发出各种创新产品和服务，为人们的生活带来了极大的便利。

6.校友大手拉小手创业项目

校友大手拉小手创业项目突显了大学的资源优势。这种创业项目是以高校的丰富校友资源和社会资源为核心，帮助大学生进行创新创业活动。

这种创业项目的一个重要特征是利用毕业校友的社会地位和影响力。已经毕业的校友对自己的母校有深厚的感情，愿意通过各种方式回馈母校。他们的经验和资源无疑为在校大学生的创新创业项目提供了巨大的支持。另外，教师也是校友大手拉小手创业项目的重要人力资源。教师大都拥有深厚的学术背景和丰富的社会资源，他们的知识和经验对于在校大学生的创新创业活动具有极大的帮助。教师的创新想法和独特见解也常常激发学生的创业灵感，帮助他们开发出新的商业模式和产品。

7.政府公共采购与社会公益服务的创业项目

随着中国政府简政放权的深入推进，越来越多的公共服务开始向社会开放采购。这无疑为有创新精神和创业意愿的大学生提供了巨大的空间。这种创业项目主要有三个特点：第一，随着国民经济的增长，人们追求更高的生活质量，政府公共采购与社会公益服务的需求日益增长。第二，这种市场受众范围广，市场空间大，易于快速普及。第三，创新和创业可以极大地提升政府公共服务的质量和效率。

8."一带一路"的创新创业项目

"一带一路"倡议为中国大学生的创新创业提供了新的机遇和广阔的空间。这种创业项目的主要特点是跨国和跨界。首先，跨国性。大学生创业不再仅仅局限于中国，可以在"一带一路"沿线国家和地区进行。例如，电商业务可以跨越地域和语言的限制，拥有语言和区域优势的学生在创业中会有明显的优势。其次，跨界性。大学生创业可以跨越行业和领域，如电子商务、金融科技、人工智能等多个领域的整合，创新创业成功的可能性会大大增加。

9.电子商务创新创业项目

电子商务创新创业项目具有巨大的发展潜力，利用电子商务平台进行创业，创业门槛相对较低，而且能够充分发挥大学生熟悉互联网和新技术的优势。这种创业项目能够帮助传统实体企业进行电商运营，实现线下商品资源的电子商务化。

电子商务平台众多且资源丰富，为大学生提供了广泛的创新创业机会。主流的电子商务平台包括淘宝、天猫、京东商城、微信微店等，这些平台拥有巨大的用户基础和庞大的交易量，为创业者提供了各种各样的创新创业可能性。电子商务平台的运营成本较低，可以支持小型企业和个体经营者进行创业。在电子商务平台上，大学生可以通过开设自己的店铺，销售自己的产品或服务，实现小规模、高效率的运营。电商运营可以实现"通过创业带动就业"的目标，即通过个人或小团队的创业活动，为更多的人提供就业机会。这样的模式既符合国家的就业政策，也符合社会的发展趋势。

10. 家族产业与产权的创业项目

许多以家庭为基础的企业创始人年纪渐长，需要寻找合适的接班人来继续发展家族事业。这种情况下，新一代家族成员，或者称为"创二代"，需要接手家族企业，并以自身的创新思维和管理技能来引领企业向前发展。在江浙地区，民营经济发达，许多"创二代"正试图将家族产业与互联网相结合，实现产业升级和跨越式发展。他们试图借助现代科技和互联网的力量，实现家族企业的数字化，提升企业的运营效率和市场竞争力。

（二）商业模式的论证及商业计划书的撰写

1. 商业模式的论证

商业模式的论证对于创新创业项目能否取得成功具有至关重要的作用。论证因素包括市场需求、技术优势、产品服务、市场营销以及财务模型。

（1）市场需求的论证。市场需求的论证要以数据为基础，避免使用模糊的词汇，进行定量而非定性的考察。同时，通过案例说明需求的广泛性和频繁度，以及该需求带来的投资回报潜力。

（2）技术优势的论证。技术优势的论证要用通俗的语言解释技术，利用专利来证明技术的优势，通过各种技术指标进行对比，明确项目的技术优势。

（3）产品服务的论证。产品服务的论证要明确产品的定位和主体，说明产品如何使用以及使用的范围，并进行产品效果评估。比赛中最合适的是中试阶段的产品，因为投资成本低，能吸引投资者。

（4）市场营销的论证。市场营销的论证要明确目标群体和产品的竞争优势，通过销售案例展示产品在中试阶段的效果，为后续的推广工作奠定基础。

（5）财务模型的论证。财务模型的论证要清楚说明收入来源和成本计算，预计何时可以收回成本，并分析股权结构。

一个好的创业项目需要能够落地、有效益、可产业化。避免落入商业模式的陷阱，如在法律边缘行走的业务、过度扩张、缺乏盈利模式、股权分配不合理、仅以理想支撑创业等。

2. 商业计划书的撰写

撰写商业计划书是创业过程中的重要步骤，目的是向潜在投资人清楚、准确地传达商业计划的核心内容。

接下来，准确指出市场存在的空白点或问题，详述项目方案或产品如何解决这些问题，提供了怎样的功能；对目标用户群进行定义和细分，使得产品的定位更加清晰。在此基础上，阐述产品的优势和竞争力，进一步强调为何本项目可以成功实施而其他项目却不能；明确描述市场的规模和未来的预期。诚实地展现市场中的竞争情况，包括其他公司的活动及其优劣势。在这种环境中，强调产品的亮点，清楚地表述其优点，即使新产品可能存在许多不足；在财务分析方面，保持简洁，明确未来一年或六个月需要多少资金，以及这些资金将用于哪些事项；对团队进行介绍，突出团队成员的优秀之处，以及项目负责人的经历和背景。总之，商业计划书应根据实际的商业计划来撰写，使其内容简洁、有力，从而成功地吸引潜在的投资者。

第八章 民族高校新工科人才创新创业能力的评估

第一节 创新创业能力评估概述

一、创新创业能力的定义及重要性

（一）创新创业能力的定义

"创新"一词源于拉丁语"innovate"，具有"革新"或"翻新"的含义，广义上指引入新事物，或对现有事物进行改革的行为。从经济学角度讲，创新是对新观念、新知识、新技术的开发和应用。创业是一种经济活动，涉及新事业的建立、发展和维护。创新与创业相辅相成，创新是推动创业的内在动力，而创业则为创新提供实践平台。因此，创新创业能力可以定义为在科技和经济发展背景下，以解决问题和应对变化为目标，寻找、提炼和应用新知识，进行创新思维和实践，以及在资源有限的情况下实现商业模式的创新。

创新创业能力的核心要素包含三个维度：认知能力、技术能力和实践能力。认知能力是对环境的敏锐洞察、对问题的独特见解、对机会的发现和把握；技术能力是对新知识、新技术的理解、吸收和应用，以及新产品、新服务的开发和创新；实践能力是在实际工作中将创新想法转化为可行的商业模式，推动创新项目的实施，以实现预期的社会和经济效益。

在具体的培养过程中，创新创业能力还包括创新思维、团队协作、风险管理、资源整合、市场营销、战略规划等。这些关键能力不仅体现在创业者对知识和技能的掌握上，还体现在创业者的素质和态度上，如创新精神、团队精神、风险意识、创业精神等。民族高校新工科人才的创新创业能力，要在尊重和照顾民族文化特色的同时，引入现代科技知识，整合传统与现代，科技与文化，让创新创业活动更好地服务于民族地区的社会经济发展。

（二）创新创业能力的重要性

在民族高校中，创新创业能力的培养有助于推动民族地区的社会经济发展，增强民族团结，促进民族文化的传承和创新。由此可见，创新创业能力在新工科人才培养中的重要性，不仅体现在个体层面，也体现在组织和社会层面。在科技与经济迅速发展的背景下，创新创业能力已成为决定一个国家、一个地区、一个组织以及个人竞争优势的关键因素。理解其重要性，有助于更好地在实际中推动创新创业能力的培养和提升。

1. 对于国家和地区层面的重要性

对于国家和地区而言，创新创业能力是推动经济增长、优化经济结构、提升国际竞争力的重要动力。这一点在民族地区尤为明显。经济学家熊彼特在《经济发展理论》一书中曾指出，创新是经济发展的主要动力，而创新的源泉就在于企业家精神。在民族地区，培养新工科人才的创新创业能力，可以帮助吸引和培育新的企业家和创新团队，为地区经济的持续发展注入新的活力。

（1）创新创业能力直接影响经济增长。经济增长源于两个主要因素：增加生产要素和提高生产效率。而创新和创业正是这两个因素的关键驱动力。创新包括技术创新、制度创新、管理创新等。创新不仅可以提高生产效率，还能带来新的产品和服务，从而推动经济结构的优化。创业可以带来新的就业机会，增加生产要素，提高资源利用效率，进一步促进经济的增长。

（2）创新创业能力关乎经济结构优化。随着社会经济的发展，经济结构会发生变化，新的行业和领域会出现，旧的行业和领域可能会衰落。在此过程中，创新和创业是推动经济结构调整和优化的主要力量。尤其在民族地区，借助新工科人才的创新创业能力，引领新兴产业的发展，推动经济结构的转型升级。

（3）创新创业能力是提升国际竞争力的关键。在全球化的背景下，国家和地区的竞争，实质上是创新和创业的竞争。具有强大创新创业能力的国家和地区，可以在全球市场中获取竞争优势，吸引全球优质资源，实现可持续发展。对于民族地区来说，具有创新创业能力的新工科人才不仅可以推动经济发展，也可以推动社会的进步，实现民族地区经济社会跨越式发展。

2. 对于高校层面的重要性

对于高校而言，创新创业能力的培养有助于提升教育质量和培养效果。新工科是对传统工科教育的创新，强调培养学生的创新精神和实践能力，以更好地适应和引领社会经济发展。创新创业能力的培养可以帮助学生形成全面的知识结构和丰富的实践经验，提高其解决实际问题的能力，从而提升其在就业市场中的竞争力。

传统的工科教育往往侧重于理论知识的传授和技能训练，而新工科教育则更强调对学生创新精神和实践能力的培养。这种创新的教育模式有利于培养学生的独立思考和解决问题的能力，更好地适应社会经济发展的需求；在新工科教育中，学生需要通过课堂学习、实践训练、项目研发等多种形式，全面提升自身的知识、技能和素质。这不仅有助于提高学生的知识技能水平，更能提升他们的创新精神、团队协作能力、风险管理能力等综合素质；在社会经济快速发展的背景下，企业和组织越来越重视员工的创新能力和实践能力。通过创新创业能力的培养，学生可以在毕业后更好地适应工作岗位，更快地进入角色，更好地为企业和社会的发展做贡献。更为重要的是，创新创业能力的培养可以培养新的企业家和创新团队，从而推动社会经济的发展。因此，对于高校而言，创新创业能力的培养不仅是提升教育质量和培养效果的关键，也是服务社会、贡献社会的重要途径。

3. 对于学生个人的重要性

对于学生个人而言，创新创业能力是其职业发展的重要保障。具备创新创业能力的人，不仅能够在职业生涯中发现和抓住机会，实现自我价值，而且能够在面临挑战和困难时，通过创新思维和创新行为，找到解决问题的新路径。

创新创业能力是职业发展的关键。在当前快速变化的经济环境中，职业发展不仅需要创业者具备专业技能和知识，也需要创业者具备创新思维和创业精神。具备创新创业能力的人在职业生涯中更能抓住机会，迅速适应环境变化，从而在竞争激烈的就业市场中占得先机。他们也有机会通过创新创业实现自我价值，获得职业满足感，从而提高职业生涯的成功率。此外，创新创业能力还可以提升学生个人的问题解决能力。面对生活中的挑战和困难，具备创新创业能力的人能够从不同的角度思考问题，寻找并实施新的解决方案。这一能力不仅对于一个人的职业生涯极其重要，同时也能使其在个人生活中获得巨大帮助。创新创业能力的培养也有助于个人综合素质的提升。在创新创业的过程中，个人不仅需要掌握专业知识，还需要具备团队协作、领导力、风险管理等各种能力，促进个人的全面发展。创新创业能力的培养还有助于个人社会责任感的培养。创新创业不仅关乎个人利益，也关乎社会进步和发展。具备创新创业能力的人往往更能够关注社会问题，积极参与社会创新活动，为社会贡献自己的一份力量。因此，对于学生个人来说，创新创业能力的培养不仅是提升其职业竞争力和生活质量的重要手段，也是实现自我价值和社会价值的重要途径。

二、创新创业能力评估的内容及要求

创新创业能力的评估内容和要求构建了一个全面的创新创业能力评估体系，旨在全方位了解并培养学生的创新创业能力。在民族高校中，这种评估体系能有力地促进创新创业教育的实施，并有助于形成学生的创新创业能力。

（一）创新创业能力评估的内容

知识与技能评估、个人属性评估、环境与机会评估共同构成了对学生创新创业能力的全面评估，如图 8-1 所示。评估旨在提供对学生创新创业能力的准确了解，为教育和培训提供有力的支持，同时也能够帮助学生了解自身的优势和不足，为未来的学习和成长提供有价值的反馈。

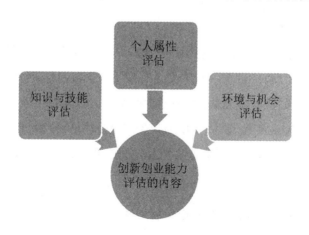

图 8-1　创新创业能力评估的内容框架

1.知识与技能评估

创新创业需要对各种知识和技能有深刻的理解和运用能力，因此知识和技能的评估成为创新创业能力评估的关键。评估需要考虑学生是否已经掌握了创新创业所需的基础知识，包括市场分析、商业模式设计、产品开发等。另外，还要对学生的技能进行评估，重点关注学生是否掌握了一种或多种创新创业所需的技能，例如项目管理、沟通协调、问题解决等。同时，学生对新知识和新技能的学习能力也是评估的重要内容，因为创新创业环境不断变化，学生需要具备不断学习和掌握新知识和新技能的能力。

2.个人属性评估

个人属性在创新创业过程中发挥着重要的作用。例如，创新意识决定了学生能否在遇到问题时积极制定新的解决方案。决策能力体现在学生能否在复杂的情况下做出明智的决策。领导力表现在学生能否领导团队共同实现创新创业的目标。个人属性的评估要结合学生在实际活动中的表现进行，可以通过让学生参与模拟的创新创业项目，或者观察学生在课程项目中的表现，对学生的这些个人属性进行评估。

3.环境与机会评估

创新创业是在特定的环境中进行的，因此评估学生的创新创业能力，要考虑学生对环境的理解和应对能力。评估内容包括学生能否理解和把握当前的市场趋势，能否识别和抓住创新创业的机会，以及能否在面对环境变化时做出适应。评估可以通过对学生的市场分析报告、创新创业项目计划等进行，也可以通过对学生的模拟创新创业活动的参与和表现进行。

（二）创新创业能力评估的标准及要求

新工科人才的创新创业能力评估，需要综合多方面的标准与要求。这些标准与要求的设定和实施，应当指导学生提升创新创业的能力，并促进学生全面的职业发展，如图 8-2 所示。

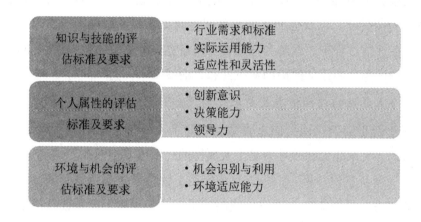

图8-2　创新创业能力评估的标准及要求

1. 知识与技能的评估标准及要求

（1）行业需求和标准。新工科人才的创新创业知识与技能的评估，对行业需求和标准的理解至关重要。教师及评估者需要持续关注行业动态，深入理解技术发展和市场需求的变化趋势。这不仅需要评估者对行业具有广泛而深入的知识，也需要他们能够理解和应用行业标准。因此，行业需求和标准应是知识与技能评估的核心内容。应注意将行业需求和标准与教学目标和学生特性相结合。例如，教师和评估者可以设计一些实际的项目和任务，让学生在实践中学习和应用行业知识和技能，同时评估他们的表现。

（2）实际运用能力。实际运用能力也是评估的重要内容。这主要涉及学生能否将知识和技能运用到实际的创新创业项目中。教师和评估者可以通过观察学生在项目中的角色扮演、问题解决、团队协作等方面的表现，评估他们的实际运用能力。实际运用能力包括学生的自我学习和自我提升能力。这要求学生在实践中发现自己的不足，主动寻求学习和提高，以更好地应对创新创业的挑战。

（3）适应性和灵活性。技术和市场需求变化迅速，新工科人才的知识与技能需要具备一定的适应性和灵活性。这主要涉及学生对新知识、新技术的接受度，以及他们在面对新问题时，能否灵活应用所学知识和技能。在评估过程中，教师和评估者可以设立一些需要学生探索新知识、新技术的任务，来评估他们的适应性和灵活性。

2. 个人属性的评估标准及要求

创新创业是当代社会的重要活动，要个人具备一定的属性和能力。创新意识、决策能力和领导力是个人属性的三项重要指标。

（1）创新意识。第一，独立思考能力。评估学生是否具备独立思考问题的能力，是否能独立挑战传统的思维模式和观念。创新往往源于不拘泥于传统思维框架的能力，因此，学生能否以独立的眼光审视问题，并提出新的观点和想法，是评估创新意识的重要因素。第二，积极寻求新的解决方案。创新创业过程中，遇到问题是常有的事情，学生是否具备积极主动寻求创新的能力，并能够提出新的解决方案，是评估创新意识的重要方面。

（2）决策能力。第一，明智的决策。评估学生在面对不确定性和复杂性时是否能够做出明智的决策。创新创业涉及各种不确定因素和复杂问题，学生是否能够基于充分的信息和分析，权衡利弊，做出明智的决策，是评估决策能力的重要方面。第二，及时的决策。评估学生在紧迫情况下是否能够及时做出决策。创新创业过程中，时间常常是紧迫的资源，学生是否能够快速作出决策，避免拖延或犹豫不决，是评估决策能力的关键要素。第三，有效的决策。评估学生的决策是否能够产生积极的结果，解决问题或推动创新创业项目的进展。学生的决策是否能够在创新创业环境中发挥有效作用，是评估决策能力的重要指标。

（3）领导力。第一，领导风格。评估学生的领导风格，包括能否激发他人的潜力，指导和支持团队成员，以及处理冲突和问题的能力。学生是否具备以身作则、鼓励和激励团队成员的能力，能否有效地协调团队的工作和解决团队的内部问题，是评估领导力的关键要素。第二，团队管理能力。评估学生是否具备有效管理团队的能力。创新创业通常需要团队合作，学生是否能够有效地分配任务，协调团队成员之间的沟通和协作，以及解决团队内部的问题，是评估领导力的重要方面。第三，对团队动力的影响。评估学生对团队动力的影响力。优秀的领导者能够激发团队成员的积极性和工作动力，建立合作和共同目标的意识。学生是否具备影响团队动力的能力，是评估领导力的关键指标。

3. 环境与机会的评估标准及要求

在评估创新创业能力时，除了关注个人属性外，还需要考察环境与机会的评估。环境与机会的评估涉及机会识别与利用以及环境适应能力两个方面。

（1）机会识别与利用。第一，市场机会察觉能力。评估学生是否具备敏锐的市场触觉和洞察力，能够识别潜在的市场机会。学生是否能够观察市场趋势、了解消费者需求，并能够发现创新空间和商业机会。第二，创新能力。评估学生是否具备创新思维和创新能力，能够提出新颖的创意和解决方案。学生是否能够独立思考，挑战传统观念，寻找创新的机会，并能够将创新转化为实际的商业价值。第三，机会利用能力。评估学生是否能够有效地利用发现的机会，将其转化为商业实践。学生是否具备商业敏感度和商业计划编制能力，能够制订详细的商业计划并实施，从而充分利用市场机会。

（2）环境适应能力。第一，快速适应能力。评估学生在面对不确定性、复杂性和变化时，是否能够快速适应环境。学生是否具备敏捷性思维和行动，能够及时调整策略和行动计划，以适应环境的变化。第二，问题解决能力。评估学生在面对挑战和压力时，是否能有效解决问题。学生是否具备分析问题、制定和执行解决方案的能力。第三，应变能力。评估学生在面对突发情况和意外事件时，是否能够及时应对或做出调整。学生是否具备灵活性和应变能力，能否在变化的环境中以冷静的态度应对挑战。

第二节 创新创业能力评估的实施方法

一、基于问卷调查的创新创业能力评估

基于问卷调查的创新创业能力评估是一种常见的研究方法，用于评估民族高校新工科人才的创新创业潜力和能力。这种评估方法通过收集个体的反馈和观点，结合量化的数据分析，可以深化对人才在创新创业领域的认知、态度和行为的深入了解，如图 8-3 所示。

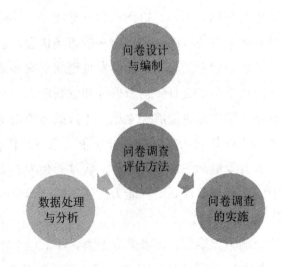

图 8-3 基于问卷调查的创新创业能力评估方法

（一）问卷设计与编制

问卷设计与编制是基于问卷调查的创新创业能力评估中至关重要的

环节。问卷的设计与编制，需遵循一系列学术原则与方法，以确保评估工作的科学性和可靠性。

明确评估目标与内容是问卷设计的首要任务。评估目标旨在确定评估的目的和研究问题，确保问卷能够准确捕捉创新创业能力的重要方面。创新能力评估指标体系可包括问题解决能力、创意生成能力和适应变化能力等，而创业能力评估指标体系可包括商业意识、风险承受能力和资源整合能力等。明确的评估目标有助于指导后续的问卷设计工作。根据指标体系设计问卷项目或量表，用于测量各个创新创业能力指标。问卷项目应具备清晰、明确、具体等良好的测量属性，以确保受访者能够准确理解并作出回答。适当的量表类型（如5点量表或7点量表）可用于捕捉受访者对于特定能力指标的态度或观点。此外，可采用已有的评估工具或构建新的量表，以确保问卷具备较高的信度和效度。

问卷设计问题顺序应合理，从一般性到具体性，由易到难，以提高受访者的参与度和答题质量。应避免引导性问题和偏见，以保证受访者能够自主回答问题，并提供真实、客观的观点。另外，问卷应具备合适的长度，既能够充分涵盖评估内容，又能够避免受访者的疲劳和厌倦。

此外，对问卷进行预测试与修订，以确保问卷的准确性和可理解性。通过预测试，可以发现潜在的问题和困难，从而及时修正和改进问卷设计。预测试样本应代表目标人群，并进行反馈和讨论，以获取对问卷的意见和建议。根据预测试结果，对问卷进行修订和优化，以提高评估工具的质量和效度。

（二）问卷调查的实施

基于问卷调查的创新创业能力评估在实施过程中需要注意选择合适的样本、提供明确的说明和指导、采取适当的激励措施，并选择合适的调查方式和工具。这样才能保证调查数据的准确性、代表性和可靠性，为创新创业能力评估提供科学的依据。

在问卷调查过程中，提供清晰的说明和指导对于受访者准确理解和回答问卷问题至关重要。明确说明问卷目的、保密与隐私保护、填写要求等内容。指导可侧重于如何理解问题、如何选择合适的选项、如何避免主观偏见等几个方面。这样可以提高受访者对问卷的理解度和回答质量，减少误解和主观偏见对结果的影响。同时，适当的激励措施可以提高问卷回收率和数据质量。奖励制度是常用的激励措施之一，可以通过提供奖品或奖金等形式，激发受访者的参与积极性。此外，匿名保密也是重要的激励因素之一，让受访者感到安心，从而更加坦诚地回答问题，以提高数据的真实性和可靠性。此外，选择合适的调查方式和工具也是问卷调查实施过程中需要重点考虑的因素。在线调查平台和电子邮件调查是高效便捷的调查方式，可以大大提高调查效率。这些方式不仅能够快速传递问卷，还可以方便受访者填写和提交问卷。同时，使用数据收集和管理工具帮助整理和分析问卷数据，以提高数据的整合性和可操作性。

（三）数据处理与分析

在数据处理与分析阶段，可以运用统计分析方法来解读问卷数据，以获取有关创新创业能力的定量信息。

常见的数据分析法有以下三种：一是描述性统计分析。描述性统计分析用于对问卷数据的分布情况进行统计描述。通过计算平均值、标准差、频数等统计量，可以揭示样本的整体情况。例如，平均值可以反映受访者对各项创新创业能力指标的平均态度或表现水平，标准差则反映了受访者对该指标的差异程度。二是因子分析方法。因子分析是一种统计技术，可将多个相关变量归纳为较少的几个因子，以便更好地理解创新创业能力的内在结构。通过因子分析，可以识别潜在的维度或构面，揭示出不同创新创业能力指标之间的关系。因子分析结果有助于简化数据，提取核心因素，从而更好地理解创新创业能力的维度和特征。三是回归分析。回归分析是一种比较常用的数据分析方法，可用于探索创新创业能力与其他变量之间的关系。通过建立回归模型，可以确定创新创业能力与教育背景、培训经历或创新创业支持措施等因素之间的关联性。回归分析可以揭示不同变量对创新创业能力的影响程度和方向，提供关键变量的权重信息。

在进行数据处理与分析时，需要注意统计方法的合理性和可靠性。选择适当的统计方法取决于数据类型、研究问题和研究目的。此外，还应注意数据的正态性、线性关系等统计假设，确保分析结果的可靠性和有效性。

二、基于案例分析的创新创业能力评估

基于案例分析的创新创业能力评估旨在评估民族高校新工科人才在创新创业领域的能力和潜力。深入研究个体或团队在实际案例中的创新创业行为、决策和结果，可以获取对其创新创业能力的深入理解，如图8-4所示。

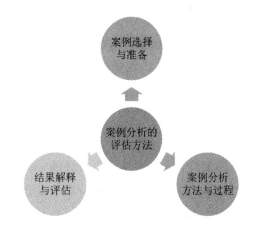

图8-4　基于案例分析的创新创业能力评估方法

（一）案例选择与准备

进行基于案例分析的创新创业能力评估，关键是进行合适的案例选择与准备。案例选择要具有代表性和多样性。代表性意味着案例能够充分反映民族高校新工科人才的创新创业能力特点和水平。多样性则意味着案例应涵盖不同行业、背景和创新创业类型。选择代表性和多样性的案例，可以获得更全面和综合的评估结果，并能够更好地理解不同领域和背景下的创新创业能力发展。案例分析需要收集和整理相关的案例材料和数据。材料和数据包括企业的创业历程、创新成果、市场反应等信息。材料和数据可以来源于公开渠道、企业报告、采访记录等，以确保数据的可靠性和准确性。同时，还可以收集参与者的个人经历和观点，以便深入了解他们的创新创业能力和决策过程。在案例准备过程中，需要对收集到的案例材料和数据进行整理和归纳，包括对案例背景、目标、策略、行动和结果等方面进行系统性的整合和分析。通过案例的整理和归纳，可以建立起完整的案例框架，以便后续的分析和评估。

（二）案例分析方法与过程

案例分析方法与过程是基于案例分析的创新创业能力评估的核心内容。案例分析可以采用多种方法，包括个案分析、跨案例比较和纵向分析等。

个案分析是案例分析的基础方法。个案分析通过深入研究单个案例，从多个角度和层面来探索案例的关键要素、决策路径和行为过程，包括对案例的创新策略、资源配置、市场反应等进行详细分析，以了解创新创业能力的形成和发展过程。跨案例比较是案例分析的重要方法之一。对多个案例进行比较，可以发现不同案例之间的共同点和差异，揭示创新创业能力的特征和模式。跨案例比较可以帮助识别成功的创新创业模式和失败的经验教训，为人才的创新创业能力提供参考和借鉴。此外，纵向分析也是案例分析的重要手段。纵向分析通过追踪和观察案例在一定时间范围内的发展过程，可以了解创新创业能力的演变和变化，揭示创新创业能力的发展路径、关键节点和成功因素，为人才的能力培养和发展提供指导。

在案例分析过程中，可以运用创新创业理论和模型来解释和分析创新创业行为。例如，资源基础理论可以用于分析案例中的资源配置和利用问题，创新过程模型可以解释创新创业的不同阶段和行为，创新创业生命周期理论可以帮助识别案例在不同发展阶段的特点和挑战。运用定性和定量方法深入研究案例中的关键要素和关系。定性方法如主题分析可以提取案例中的关键主题和核心问题，网络分析可以揭示案例中的重要关系和影响因素。结合定性方法和定量方法可以获取更全面的案例分析结果。

（三）结果解释与评估

结果解释是对案例分析结果进行深入理解和阐释的过程。对案例中的关键因素、决策路径和行为过程的分析，可以揭示人才在创新创业能力方面的表现和特点。结果解释需要参考创新创业理论和模型，将案例中的行为和表现与理论框架进行关联，以便更好地理解人才的创新创业能力形成和发展过程。

评估是对案例中创新创业能力表现进行评价和判断的过程。评估可以与理论模型或标准进行对比，以确定案例中的创新创业能力是否达到预期目标。对创新创业能力指标的分析和比较可以评估人才在不同能力维度上的优势和不足。评估的结果可以为进一步提升创新创业能力提供指导和建议。此外，进行案例之间的比较和综合进一步评估人才在创新创业能力方面的差异和特点。通过对多个案例的比较，可以发现不同案例之间的共同点和差异，进一步理解创新创业能力的多样性和变化。案例之间的综合分析可以得出更全面和综合的评估结论，提供对创新创业能力的整体评价。

三、基于实践项目的创新创业能力评估

基于实践项目的创新创业能力评估旨在评估民族高校新工科人才在创新创业领域的能力和潜力。该评估方法通过参与实际创新创业项目并对其成果和表现进行评估，能够全面了解人才在实践中的创新创业能力。如图 8-5 所示。

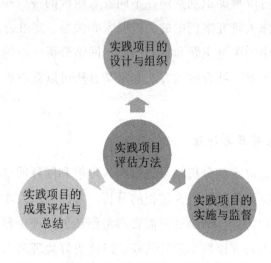

图 8-5 基于实践项目的创新创业能力评估方法

（一）实践项目的设计与组织

合理的项目设计和组织有助于达到评估的目标并提供有效的实践平台。

首先，明确项目的目标和内容是项目设计的基础。项目的目标应与创新创业能力评估的目标相一致，可以包括培养创新创业思维、实践创新创业技能和促进创新创业项目的发展等方面。明确项目目标有助于确定项目的重点和方向，确保项目的设计与评估目标相契合。其次，选择适当的实践项目类型是项目设计的重要考虑因素。不同类型的实践项目可以提供不同的实践平台和机会。例如，创业实训项目可以让学生亲身

经历创业过程，培养创业能力和经验；科技创新竞赛可以锻炼学生的科技创新能力和团队合作能力；社会创新项目可以促使学生关注社会问题并提供解决方案。根据评估目标和学生的兴趣特点，选择适合的实践项目类型是关键。最后，确保项目组成员的多样性也是项目设计的重要考虑因素。项目组成员的多样性包括不同专业背景、技能和兴趣等多个方面。多样性有助于激发创新创业思维和促进团队合作。不同专业背景的成员可以带来不同的知识和视角，提供全面的解决方案。同时，具备不同技能和兴趣的成员可以相互补充，形成协同效应，从而促进创新创业能力的全面发展。

（二）实践项目的实施与监督

明确项目的时间安排、任务分工和资源支持对于项目的顺利进行至关重要。首先，时间安排要合理，确保项目各个环节按时进行，避免出现时间冲突和延误的情况。其次，要明确每个参与者的责任和任务，确保项目团队协作高效。最后，在资源支持方面，资源支持包括物质资源、人力资源和财务资源等，要保证项目所需资源的充足性和合理配置，以确保项目能够顺利实施。此外，对参与者提供必要的培训和指导对其创新创业能力的发展是非常关键的。培训可以涵盖创新创业知识、技能和方法的传授，帮助参与者掌握所需的专业知识和实践技能。指导可以通过导师或专家的支持和指导，为参与者提供实践项目中的反馈和指导，帮助他们在实践中不断改进和提升创新创业能力。

在监督过程中，反馈机制是确保项目进展和质量的重要手段。定期对参与者的表现进行评估和指导，可以及时了解项目的进展情况，并针对问题和挑战提供指导和支持。反馈机制可以通过定性和定量的评估方法来评估参与者的表现和成果，为参与者提供关于其创新创业能力发展的反馈和建议。

（三）实践项目的成果评估与总结

对项目成果的评估，可以了解参与者在创新创业过程中的表现和能力。评估内容涵盖多个方面。

第一，评估可以关注创新成果的质量和影响。这包括评估参与者在实践项目中所创造的新产品、新服务或新商业模式的创新性和实际价值。评估可以考察创新成果的技术水平、市场潜力和商业可行性等指标，以评价其创新创业能力的表现。第二，评估可以关注参与者的团队协作能力。创新创业往往需要团队的合作和协调。第三，评估可以考察参与者在实践项目中的团队角色、沟通能力、合作能力等方面的表现，以评估其在团队环境中的创新创业能力。第四，评估还可以了解参与者解决问题的能力。第五，评估也可以关注参与者的问题识别能力、分析能力、决策能力和创新思维等方面，以评价其在实践中的创新创业能力。

项目成果的评估可采取多种评估方法，如专家评估、自评和同伴评估等。专家评估可以通过邀请专业人士对项目成果进行评价，以获得专业意见和建议。自评可以由参与者自行对自己的表现进行评估和反思。同伴评估可以通过团队成员之间的互评来获取多方面的观点和反馈。综合不同评估方法的结果，可以得出更全面和客观的结论。

在总结和反思阶段，应对实践项目进行总结和评估。总结可以归纳项目的经验和教训，探讨成功和失败的原因，并提出改进和进一步发展的建议。总结和反思有助于吸取经验教训，为未来的创新创业能力培养提供指导和借鉴。

参考文献

[1] 李春江.新工科背景下大学生创新创业教育及其融合递进支持体系的探索与实践 [M].北京：中国纺织出版社，2021.

[2] 刘玉彬，杜元虎.民族高等院校教育创新与教育管理研究 [M].大连：大连出版社，2011.

[3] 颜廷丽."互联网＋"背景下大学生创新创业能力培养研究 [M].北京：北京理工大学出版社，2020.

[4] 赵杨.创新创业实践与应用型高校人才培养研究 [M].北京：中国纺织出版社，2022.

[5] 王芳作.新工科背景下高校设计学科人才培养研究 [M].北京：中国原子能出版社，2021.

[6] 钟文峰，赵丽莎，吴迪，高雅.高校大学生创新创业能力培养的路径研究[J].吉林农业科技学院学报，2022（5）：63-66.

[7] 王调江.新时代高校应用型人才创意创新创业能力培养研究 [J].中国多媒体与网络教学学报（上旬刊），2022（9）：177-180.

[8] 孙福艳，吕宗旺，赵红月.地方高校新工科人才创意创新创业能力培养模式研究与实践 [J].创新创业理论研究与实践，2022（16）：139-141.

[9] 邹家柱，刘泽华.新工科视域下地方高校大学生创新创业教育问题与对策研究 [J].上海商业，2022（2）：162-164.

[10] 谭祥列，苏万斌.基于创新创业能力培养的高校体育应用型人才教育体系研究 [J].江西电力职业技术学院学报，2021（12）：129-130.

[11] 陈文革，蒋文燕.基于新工科背景创新创业型人才培养的包装工程教育

课程体系研究 [J]. 今日印刷，2021（6）：20-23.

[12] 陈怡欣 . 创新创业能力下的应用型高校人才培养模式研究 [J]. 科技视界，2021（28）：152-153.

[13] 郑雅宾 . 新视域下高校学生创新创业能力培养管理研究 [J]. 黑龙江教育（高教研究与评估），2021（6）：65-67.

[14] 王晗奕，杨靖伟 . 基于"互联网+"背景探析高校创新创业人才培养路径 [J]. 创新创业理论研究与实践，2021（5）：194-195，198.

[15] 李金土 . 地方高校新工科人才创新创业能力培养模式探析 [J]. 中国大学生就业，2020（24）：49-53，64.

[16] 张珺 . 地方高校新工科人才创新创业能力培养模式研究 [J]. 创新创业理论研究与实践，2020（20）：131-133，136.

[17] 陈怡君 . 基于案例分析的研究生创新创业能力培养路径研究 [J]. 就业与保障，2020（19）：145-148.

[18] 胡虹 . 大学生创新创业职业核心能力培养与实践的途径探析 [J]. 科技与创新，2020（18）：80-81.

[19] 薛一飞 . 当前高校创新创业教育实效提升的对策研究 [J]. 就业与保障，2020（17）：83-84.

[20] 袁嵩，黄新宇，陆佳鑫 . 大学生创新创业能力培养探索 [J]. 教育教学论坛，2020（35）：75-76.

[21] 张高峰，夏珺，刘玲玲，刘志勇，周书，李玉平，周后明 . 大学生创新创业能力培养模式探索 [J]. 教育教学论坛，2020（33）：336-337.

[22] 袁义，何频捷，王继军 . 工科类创新创业特色人才培养模式探讨 [J]. 教育教学论坛，2020（25）：164-165.

[23] 丁彬瀚，张定 . 高校创新创业教育人才培养体系构建的思考 [J]. 就业与保障，2020（5）：130-131.

[24] 安佳，王美玲，万纯玥，臧嘉懿 . 民办高校大学生双创能力培养经验及启示 [J]. 合作经济与科技，2020（3）：160-161.

[25] 曾进辉，兰征，黄浪尘 . 新"工科"背景下电气工程专业人才创新创业

能力培养策略探究 [J].科教导刊（下旬），2019（36）：33-34.

[26] 孙月发，张语，吕炳君，李秀荣，王欣艳."赛教融合"创新人才培养模式在地方高校的应用 [J].沧州师范学院学报，2019（03）：123-125，129.

[27] 许伟城，江学顶，陈忻，陈士明.新工科视域下高校大学生创新创业能力培养研究 [J].科技资讯，2019（26）：228-229.

[28] 蔡有杰，吴志东，包丽，王雪峰，李强.创新人才培养体系打造大学生创新创业应用平台 [J].化工时刊，2019（7）：53-56.

[29] 秦广超，董强，尹奇异，胡坤宏.创新创业能力下的应用型高校人才培养模式探索 [J].合肥学院学报（综合版），2019（3）：113-118.

[30] 朱团，邱敏，陈丽华，高海迪.在高校人才培养全过程中提高学生的创新创业能力 [J].产业与科技论坛，2019（8）：257-258.

[31] 朱定局.新工科人才创新创业能力培养的辩证发展模式研究 [J].中国成人教育，2019（7）：56-59.

[32] 张慧琴，贺晨辉，宋淑丽，温明明.高校人才培养状况调查——基于创新创业能力提升视阈 [J].北方经贸，2019（2）：154-155，160.

[33] 胡小峰.基于"实践——引导——反思"模式的高校创新创业人才培养研究 [J].产业与科技论坛，2018（24）：133-134.

[34] 郭士清，龙泽明，庄宇，薛迪.地方应用型高校工科类人才创新创业能力培养探究 [J].湖北开放职业学院学报，2018（21）：1-2，15.

[35] 苏楠.应用型高校学生创新创业能力培养研究 [J].现代交际，2018（15）：136，135.

[36] 马晓君，李春江，宋汉君，赵宝江，颜兵兵.地方高校新工科人才创新能力培养策略 [J].湖北成人教育学院学报，2018（4）：19-21.

[37] 杨启正，李琳琳.构建大学生创新创业能力培养平台的探讨 [J].环渤海经济瞭望，2018（6）：131-132.

[38] 关莉红，罗明.基于创新创业能力培养的高校实践教学体系设计 [J].中外企业家，2018（13）：161-162.

[39] 邵德福，李春江，马晓君.地方高校新工科人才创新创业能力培养模式研究 [J].科技创业月刊，2017（19）：62-64.

[40] 于峰，史立秋，崔虹云.基于嵌入式课程体系的地方高校新工科人才创新创业能力培养模式研究 [J].经济师，2017（10）：233，235.

[41] 殷云.新时代背景下高校大学生创新创业能力培养机制构建 [J].国际公关，2023（6）：133-135.

[42] 王欣欣，白玉娟.地方高校创新创业能力培养体系建设研究——以信息与计算科学专业学生为例 [J].创新创业理论研究与实践，2023（1）：51-53，60.

[43] 高轶鹏.大学生创新创业能力培养模式研究 [J].长春工程学院学报（社会科学版），2022（4）：99-102.

[44] 王义君，詹伟达，宫玉琳.地方高校电子信息类新工科人才创新创业能力培养探索 [J].辽宁师专学报（自然科学版），2022（4）：59-63.

[45] 苏凯新.新工科人才创新创业能力培养的实践与探索——以厦门理工学院为例 [J].创新创业理论研究与实践，2022（23）：133-136.

[46] 鲁跃山.论淮南地区高校大学生创新创业能力培养路径探析 [D].淮南：安徽理工大学，2019.

[47] 王生龙.高校创新创业实践教学研究 [D].北京：北京邮电大学，2018.

[48] 沈雯.互联网时代高校大学生创新创业能力培养的问题与对策研究 [D].南昌：南昌大学，2017.

[49] 吕程慧.大学生创新创业素质培养路径研究 [D].南充：西华师范大学，2017.

[50] 欧阳泓杰.面向创新创业能力培养的高校实践教学体系研究 [D].武汉：华中师范大学，2014.